ДИАЛОГ

Arbeitsheft für
den Russischunterricht

3

Kompetenzstufe A 2+
des Gemeinsamen europäischen
Referenzrahmens

Herausgeberinnen
Dr. Heike Wapenhans
Dr. Ursula Behr

Autoren/Autorinnen
Dr. Ursula Behr
Dr. Rima Breitsprecher
Katrin Bykowa
Astrid Grundmann
Antje Meschke
Heiko Seefeldt
Dr. Martin Schneider
Dr. Astrid Seidel
Dr. Heike Wapenhans

Beratung
Monika Schuster
Dr. Gudrun Seemann

Deine Audios findest du hier:

1. Gehe auf scook.de.
2. Gib den unten stehenden Zugangscode in die Box ein.
3. Hab viel Spaß mit den Audios.

Dein Zugangscode auf
www.scook.de | zhq9u-2y65w

Cornelsen

Я, моя семья и мои друзья

---

1 **Дополни рассказ Лены.**

Меня _____ Лена.

Моя _____ Бакланова.

Я _____ в Рязани.

Рязань – это большой _____.

Рязань

Он _____ недалеко от Москвы. Моя _____ – это мама,

папа, мой брат Саша и я. Мы _____ на Вокзальной _____.

Наша _____ находится на третьем _____. У нас три _____.

К сожалению, в квартире _____ балкона. У меня _____ две бабушки и один дедушка.

Бабушка Нина _____ в Омске, а бабушка Зоя и дедушка Коля _____ в деревне

Константиново. Там у них есть маленький _____.

---

2 **Придумай идеальную школьную форму.**

Друзья Лены ходят в школу в школьной форме: девочки – в белых блузках, в серых или чёрных жакетах, в серых или чёрных брюках. А мальчики ходят в белых рубашках, в серых или чёрных пиджаках и в серых или чёрных брюках. А что для тебя идеальная школьная форма?

Идеальная школьная форма для девочек – это

_____

_____

А идеальная школьная форма для мальчиков – это

_____

---

3 **Дополни предложения.**

Мой любимый цвет _____, а _____ цвет

не очень люблю. Я люблю ходить в _____.

Ходить в _____ я не очень люблю.

Моя подруга (Мой друг) _____ ученица (ученик).

Она (Он) _____ человек.

1 Запиши подходящие слова в таблицу.

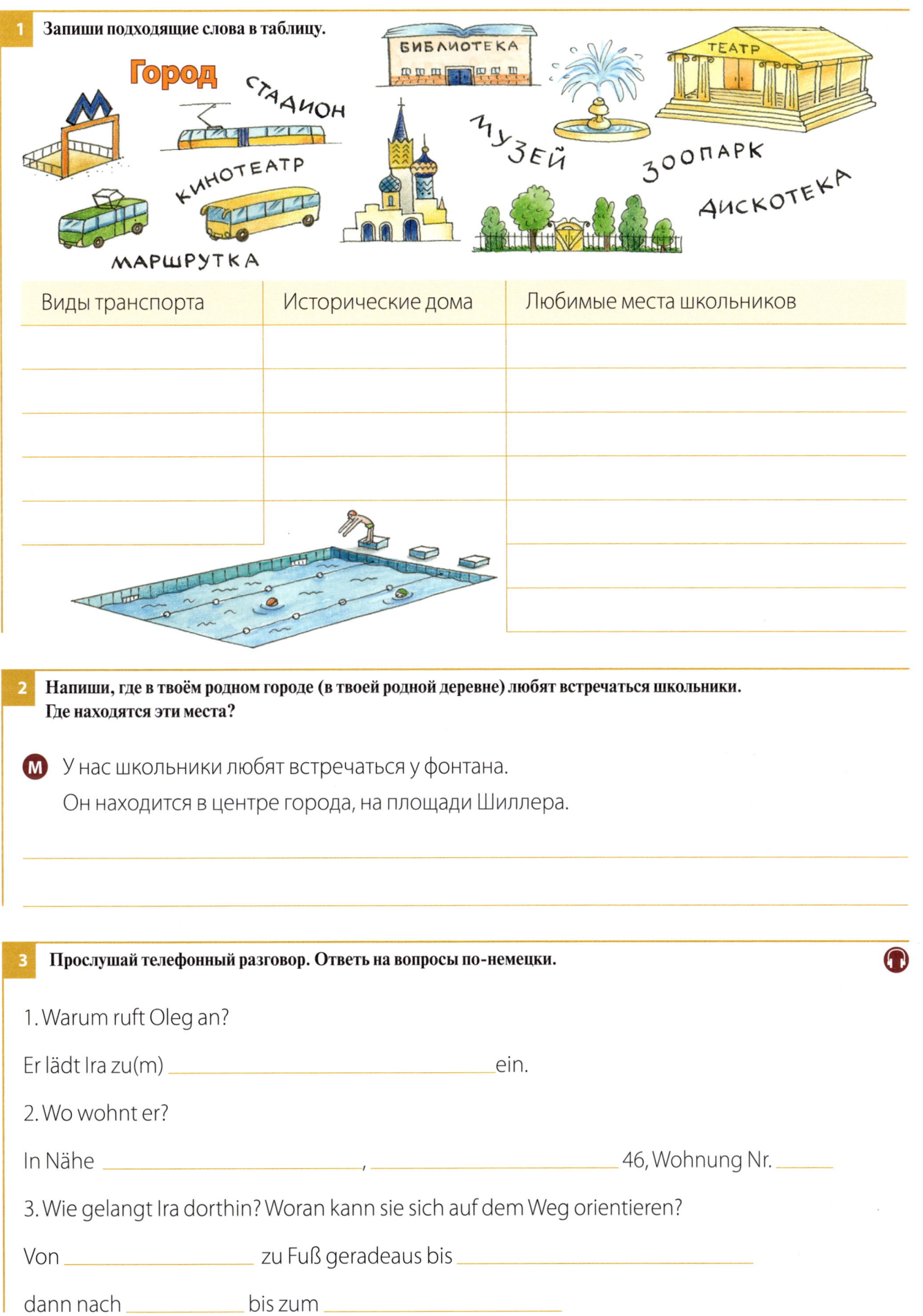

Виды транспорта	Исторические дома	Любимые места школьников

2 Напиши, где в твоём родном городе (в твоей родной деревне) любят встречаться школьники. Где находятся эти места?

M У нас школьники любят встречаться у фонтана.

Он находится в центре города, на площади Шиллера.

3 Прослушай телефонный разговор. Ответь на вопросы по-немецки.

1. Warum ruft Oleg an?

Er lädt Ira zu(m) _____ ein.

2. Wo wohnt er?

In Nähe _____ , _____ 46, Wohnung Nr. _____

3. Wie gelangt Ira dorthin? Woran kann sie sich auf dem Weg orientieren?

Von _____ zu Fuß geradeaus bis _____

dann nach _____ bis zum _____

Чем я интересуюсь

---

1 Составь вопросы и ответь на них.

	любишь играть?	_____
Чем ты	умеешь хорошо делать?	_____
Что ты	умеешь кататься?	_____
На чём ты	интересуешься?	_____
	занимаешься?	_____

---

2 Напиши глагол в правильной грамматической форме.

1. Ребята часто участвуют в соревнованиях по баскетболу, поэтому они много _____ (тренироваться).

2. Марина хочет стать певицей, поэтому она _____ (слушать) диски и _____ (петь) под караоке каждый день.

3. Максим _____ (интересоваться) историей, поэтому он часто _____ (ходить) в Исторический музей.

4. Миша и Лара не _____ (любить) сидеть дома, поэтому они часто _____ (встречаться) с друзьями и _____ (ходить) на вечеринки.

Исторический музей

---

3 Как правильно? Вычеркни неправильную форму глагола.

Обычно Маша провела/проводила каникулы с родителями.

В этом году она провела/проводила каникулы с друзьями в Туле.

Маша часто позвонила/звонила родителям домой.

Подруге в Москву она позвонила/звонила только один раз.

Она сказала/говорила ей, что всё расскажет/рассказывает после поездки.

Маша написала/писала бабушке и дедушке открытку.

---

4 Прослушай, как ученики 8ᵃ класса провели каникулы. Выбери правильный ответ.

Ира ездила в	Сибирь.	Карелию.	Сочи.	Италию.
Митя побывал в	Омске.	Томске.	Иркутске.	Новосибирске.
Катя отдыхала на берегу	моря.	озера.	реки.	океана.
Серёжа был на	даче.	Байкале.	Урале.	берегу моря.

1 **Переведи вопросы на русский язык. Используй эти слова.**

урок

учить

учиться

класс

предмет

язык

1. In welche Klasse gehst du? _____

2. Wie lange lernst du schon Deutsch? _____

3. Wie viel Stunden Deutsch habt ihr pro Woche? _____

_____

4. Welche Lieblingsfächer hast du? _____

_____

2 **Дополни предложения.**

1. В нашей школе первый урок _____ в 8 часов.

2. В пятницу последний урок _____ в 13 часов.

3. Вчера на уроке ИЗО мы _____ карикатуры.

4. Я _____ спортом и уже _____

в городских соревнованиях.

занимаюсь

начинается

кончается

участвовал(а)

рисовали

3 **Послушай, что Нина и Борис рассказывают о школе, где они учатся.**
Nummeriere die Bilder so, dass sie zur Reihenfolge der Präsentation passen.

1 Соотнеси глаголы с подходящими словами в правильной грамматической форме.

выносить *что?*   убирать *что?* (2 х)   ужин   бабушка   посуда

гулять *с кем?*   готовить *что?* (2 х)

ходить *за чем?*   мыть *что?*   мусор   квартира   продукты   собака

быть в гостях *у кого?*

помогать *кому?* по дому   комната   родители   обед

выносить мусор, _____

_____

_____

_____

_____

2 Напиши, как ребята помогают родителям по дому.

Андрей _____   Света и Олег _____

Максим _____   Таня _____

А как ты помогаешь родителям по дому? _____

_____

3 По каким дням недели кто что должен делать? Напиши предложения в тетради.

(М) По понедельникам Олег должен помогать отцу в гараже.

Когда?		Кто?		Что делать?
	понедельник	мать		ходить за продуктами.
	вторник	отец	должен	убирать квартиру.
По	среда	Олег	должна	гулять с собакой.
	четверг	Надя	должны	помогать отцу в гараже.
	пятница	родители		готовить обед.
	суббота	дети		заниматься домашней работой.

4 Прочитай рассказ Вовы.
  а) Подчеркни словосочетания с отрицанием.

Очень скучное воскресенье

В воскресенье мои родители поехали в деревню к бабушке, а я остался дома. Сначала я смотрел телевизор, но это было неинтересно. Я сидел дома, потому что меня, к сожалению, никто никуда не пригласил. Я ходил в бассейн, но там никого из друзей не встретил. E-mail ни от кого не получил, и никому не хотел писать. Никто мне не звонил, и я ничего не слышал о друзьях. Как мне скучно!

б) Объясни, почему Вове было скучно.

Вове было скучно, потому что

– он никуда не ездил, _____

_____

_____

_____

_____

_____

5 Ответьте отрицательно. Соедините А и Б.

М *А:* Где ты был(а) вчера вечером?

Б: Вчера вечером я нигде не был(а). А ты?

А: Я тоже нигде не был(а).

А Вопрос	**Б** Отрицательный ответ
Где ты был(а) вчера вечером?	ничего
Какую книгу ты читал(а) в субботу?	нигде
Чем ты занимался (занималась) после школы?	никакую
С кем ты ездил(а) в деревню?	никогда
Куда ты ходил(а) в четверг?	ни с кем
Когда ты готовишь обед?	ничем
Что ты слышал(а) об Ирине и Мише?	никуда

6 Прочитай информацию.

а) Расскажи по-немецки, что ты узнал(а) о поликлинике № 4.

Городская поликлиника № 4		
Адрес:	Рабочая ул., д. 34	
Режим работы:	Понедельник – пятница: Суббота: Воскресенье и праздничные дни:	8:00–20:00 9:00–18:00 9:00–16:00
Телефон для справок:	278-65-12	
Вызов врача на дом по тел.:	278-65-23	
Главный врач:	Копалкин Сергей Владимирович	

б) Скажи по-русски, когда (в какое время) работает поликлиника 12 октября этого года.

7 Прочитай и переведи, какие специалисты работают в поликлинике № 4. Сравни немецкие и русские слова. **D**

хиру́рг – _____

стомато́лог – _____

дермато́лог – _____

психо́лог – _____

онко́лог – _____

физиотерапе́вт – _____

8 Прослушай текст и дополни предложения.

1. Вера Иванова работает _____.
2. Она – _____.
3. _____ Веры Ивановой начинается _____ _____.
4. По _____ она делает операции.
5. _____ Вера Иванова читает _____.

9 Выбери и подчеркни правильный ответ.

Что ты должен (должна) делать, когда у тебя…

М Когда у меня температура, я должен (должна) лежать в постели.

1. температура?

а) кататься на роликах

б) лежать в постели

в) гулять по лесу

2. ангина?

а) принимать антибиотики

б) пить кофе

в) слушать музыку

3. болит голова?

а) смотреть телевизор

б) принять таблетку

в) заниматься спортом

4. болит живот?

а) пить чай

б) много есть

в) играть на компьютере

5. болят зубы?

а) лежать в постели

б) играть на флейте

в) пойти к врачу

10 В вашей школе гости из России. У одного из учеников заболел зуб. Напиши ему записку.

Rate dem Schüler, zum (Zahn-)Arzt zu gehen.
Schreibe die Adresse des Arztes und die Sprechstundenzeiten auf.
Teile ihm außerdem mit, wo sich die nächste Apotheke befindet.

Привет, _____!

_____

_____

_____

_____

Dr. Klaus Becker
Goethestraße 6
Sprechzeiten:
Mo–Fr: 8–12 Uhr
und nach Terminvereinbarung

Всего тебе хорошего! _____ (твоё имя)

Семейные традиции

---

1 **Как правильно? (→ учебник, стр. 24 упр. 1)**
Nummeriere die Fragen so, dass die Antworten den Text in der richtigen Reihenfolge wiedergeben.

☐ Где и как семья отдыхает летом?

☐ Как семья Петра отмечает 9 Мая, 23 Февраля, 8 Марта?

☐ Что любит делать семья Петра в выходные дни?

☐ Что они обычно делают на Пасху и Новый год?

М ☐ 1 Кто Пётр Данилов?

---

2 **Заполни пропуски. Напиши слова в нужной форме. Denke an die Präpositionen.**

Пётр участвовал _____ *Моя семья*.

Он создал _____.

На ней он рассказывает _____.

По праздникам семья Петра любит приглашать

к себе в гости _____.

23 февраля они поздравляют _____

а 8 марта – _____.

конкурс

интернет-страница

традиции семьи

друзья и родственники

мужчины

женщины, праздник

---

3 **Ergänze den fehlenden Aspektpartner und verbinde die Verben mit den möglichen Substantiven.**

день рождения   встретить/_____   Пасху

Рождество   _____/отмечать   праздник

Новый год   _____/праздновать   юбилей

---

4 **Какую роль играют праздники в твоей семье? Используй словосочетания.**

праздник Пасхи, праздник 8 Марта, праздник Рождества
большая роль, небольшая роль, никакая роль, маленькая роль

М В нашей семье праздник Пасхи не играет большой роли.

_____

_____

_____

_____

---

1 Напиши антонимы.

M новый друг – старый друг

скучный человек – _____ человек

приходить домой рано – приходить домой _____

правильное мнение – _____ мнение

классные родители – _____ родители

---

2 Напиши однокоренные слова.

(люб)

(праздн)

---

3 *Какой* или *как*? Заполни пропуски.

| важный – важно |
| трудный – трудно |
| совершенный – совершенно |
| справедливый – справедливо |

Для меня мой друг играет _____ роль.

Мне очень _____ знать мнение друга.

_____ сказать, кто понимает меня.

Это очень _____ вопрос.

Это _____ правильно.

Это вы _____ сказали.

Пётр Николаевич _____ учитель.

---

4 Переведи на русский язык.

Schreibe, dass

– du die Probleme der russischen Jugendlichen gut verstehst.

_____

– Lehrer und Eltern manchmal die Interessen und Hobbys der Kinder nicht verstehen.

_____

– dich manchmal zu Hause auch niemand versteht.

_____

– du denkst, dass man über Probleme und Konflikte reden muss.

_____

5 Прочитай мнения ребят и родителей. Напиши, с какими мнениями ты согласен (согласна), а с какими не согласен (согласна)? Используй разные конструкции (→ учебник, стр. 26 упр. 2).

Только девочки любят учить иностранные языки.

Игорь

Только классическая музыка – хорошая музыка.

Надя

Надо всегда делать уроки до ужина.

Павел

Призы на математических конкурсах получают только мальчики.

Света

Надо всегда звонить родителям.

родители

Надо каждый день убирать комнату.

мама

Ⓜ Я не согласен (согласна) с мнением Игоря. Это совершенно неправильно.

_____

_____

_____

_____

_____

6 Выбери одно из мнений (упр. 5) и объясни, почему ты не согласен (согласна) с ним?

Ⓜ Я не согласен (согласна) с мнением Нади, потому что я считаю, что это не так.

По-моему, не только классическая музыка – хорошая музыка.

Мне кажется, что есть не только плохой рок или поп, но и хороший.

Мы все разные, поэтому любим разную музыку.

Я не согласен (согласна) с мнением _____

_____

_____

_____

1 Выбери правильный вариант.

1. … родители разрешают вечером ходить в кино? Олега или Насти?

А Чья ☐
Б Чьё ☐
В Чьи ☐

2. К сожалению, Петя… не делает по дому.

А всё ☐
Б ничего ☐
В немного ☐

3. У Лены высокая температура. У неё болит горло. Она…

А заболела. ☐
Б болит. ☐
В заболело. ☐

4. Я хорошо понимаю, … родителям не нравятся плохие отметки.

А поэтому ☐
Б потому что ☐
В что ☐

2 Сначала прочитай предложения, а потом прослушай разговор. Подчеркни правильное продолжение предложения.

	А	Б	В
1. У мальчиков всё	плохо.	нормально.	супер.
2. Вечеринка будет у	Нины.	Серёжи.	Маши.
3. Димы не будет, потому что	в его семье праздник.	он не любит вечеринки.	мама не разрешает.
4. Дима должен передать поздравления	родителям.	маме.	бабушке.

3 Прочитай отрывок из письма. Отметь правильный ответ.

…Мне 15 лет, но родители не разрешают мне ходить на вечеринки. Они говорят, что вечером я должна сидеть дома и учить уроки.
А все мои друзья могут ходить на вечеринки, дискотеки и в кино.

Алина, г. Красноярск

А ☐ Алина хочет пойти с друзьями в кино и на дискотеку.

Б ☐ Родителям не нравятся друзья Алины.

В ☐ Родители считают, что вечером Алина должна быть дома.

Здесь мне нравится жить.

1 Образуй все возможные словосочетания. Соедини слова и дополни колонки собственными примерами.

школьная   воздух

деревянный   сад

широкие   улицы

интересные   дом

чистый   площадка

огромный   достопримечательности

_____   _____

_____   _____

2 Напиши, что ты видишь на картинке.

_____

_____

_____

_____

_____

_____

_____

_____

Напиши, где ты хочешь жить и почему.

Я хочу жить в _____, потому что _____

_____

3 Дополни окончания.

Маша живёт в маленьк_____ деревн____. Каждый день она помогает бабушке в сад___.
У бабушки огромн_____ сад. Маше не нравится работать в больш_____ сад___.

Лиза живёт в городе-миллионере. Она живёт в многоэтажн_____ дом____. В город____ всегда
много турист_____. Они интересуются достопримечательност_____ город___.

4   Вставь подходящие по смыслу глаголы в правильной грамматической форме.

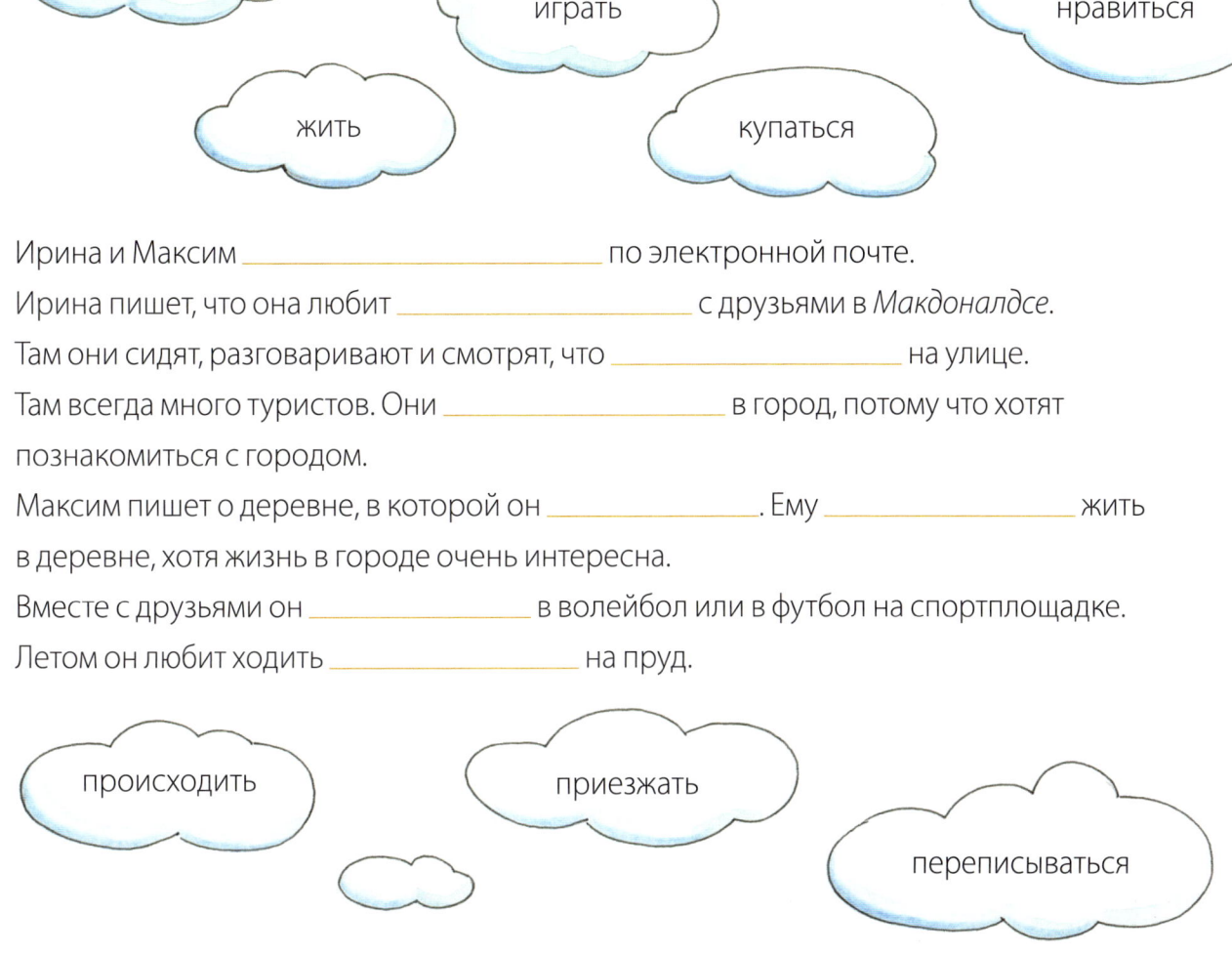

встречаться

играть

нравиться

жить

купаться

Ирина и Максим _____ по электронной почте.

Ирина пишет, что она любит _____ с друзьями в *Макдоналдсе.*

Там они сидят, разговаривают и смотрят, что _____ на улице.

Там всегда много туристов. Они _____ в город, потому что хотят

познакомиться с городом.

Максим пишет о деревне, в которой он _____. Ему _____ жить

в деревне, хотя жизнь в городе очень интересна.

Вместе с друзьями он _____ в волейбол или в футбол на спортплощадке.

Летом он любит ходить _____ на пруд.

происходить

приезжать

переписываться

---

5   Составь 5 предложений. Напиши глаголы в личной форме прошедшего времени. Denke an die Präpositionen.

Многие люди	отдыхать	природа
Что	происходить	улицы
Туристы	приезжать	известные города
Мальчики	купаться	пруд
Ирина и Максим	переписываться	электронная почта

_____

_____

_____

_____

_____

6 Дополни таблицу прилагательными в нужной грамматической форме и поставь ударение.

краси́вый	краси́в	краси́ва	краси́во	краси́вы
	широ́к			
		огро́мна		
			интере́сно	
				свобо́дны
		чиста́		

7 Дополни предложения.

Юбка Маше _____ (широкий)

Платье ей _____ (широкий)

Брюки Борису _____ (маленький → малый)

Футболка Нине слишком _____ (маленький)

Шапка дедушке слишком _____ (широкий)

Рубашка ему _____ (маленький)

8 Подчеркни краткие формы прилагательных и переведи предложения на немецкий язык.

Вадим болен. У него грипп. _____

Ира согласна с мнением мамы. _____

Ответы правильны. _____

Это место свободно? _____

Квартира слишком мала. _____

9 Соедини подходящие по смыслу слова. Составь словосочетания. Напиши их в тетради.

после окончания   на будущее   школы   работать

автомехаником   планы   библиотекарем

поступить   в профессиональное училище

стать

10 Прослушай текст и отметь правильный ответ.

	да	нет
Лена живёт в маленьком городе.	☐	☐
На летних каникулах она была в Москве.	☐	☐
Анна – подруга Лены.	☐	☐
Лена не ездила на метро.	☐	☐
Лена была на Красной площади.	☐	☐
Три раза подруги ходили на дискотеку.	☐	☐
Время в Москве прошло быстро.	☐	☐

11 *Когда* или *если*?

_____ я хорошо окончу школу, я поступлю в университет.

_____ я посмотрел на часы, было уже 18 часов.

_____ после обеда будет идти дождь, я не буду работать в саду.

_____ квартира светлая, родители купят её.

_____ я шла в кино, я встретила подругу.

12 Скажи по-русски.

Sage, dass

– das Leben in der Stadt interessant ist,   _____

– ihr oft ins Kino oder in die Disco geht,   _____

_____

– Oma und Opa sich oft auf der Datsche   _____
  unweit der Stadt erholen,

_____

– es dort einen Garten gibt,   _____

– du gern Obst und Gemüse isst.   _____

13 Напиши в тетради о твоих планах на будущее. Используй следующие вопросы.

Что ты хочешь делать после окончания школы? Кем и где ты хочешь работать?

Где ты хочешь жить, в городе или в деревне, и почему?

1 **a) Прочитай текст со словарём. Подчеркни факты из *Книги рекордов Гиннесса*.**

Город Екатеринбург занесён[1] в *Книгу рекордов Гиннесса* по двум пунктам.

1. На душу населения потребляется[2] наибольшее количество майонéза на планете.
2. Фильм *Титаник* (1997) показывали в кинотеатре *Салют* дóльше[3], чем в других кинотеатрах мира.

Екатеринбург – столица Урала. У города есть своя *Книга рекордов Гиннесса – Удивительный Екатеринбург*.

В этой книге можно прочитать об особенных событиях, которые произошли на территории города. Екатеринбург является самым компактным городом-миллионером в России.

Там очень много высоких многоэтажных домов.

1 июля 2007 года астерóид 27736 получил название *Екатеринбург*.

1 wurde eingetragen 2 pro Kopf wird verbraucht 3 Komparativ zu *долго*

б) Ответь на вопросы.

Какую информацию о Екатеринбурге можно найти в *Книге рекордов Гиннесса*?

_____

_____

_____

_____

Какой факт о Екатеринбурге тебе особенно интересен? _____

_____

2 **Максим Горький родился в Нижнем Новгороде. А где родился Александр Пушкин? Соедини фамилию писателя с городом, потом спросите друг друга: Где родился …? Покажите город на карте.**

Максúм Гóрький	Москва
Алексáндр Пýшкин	Орёл
Ивáн Тургéнев	Нúжний Нóвгород
Антóн Чéхов	Тýла (Я́сная Поля́на)
Лев Толстóй	Таганрóг

1 Помоги Деннису написать текст о школьном обмене для школьной газеты гимназии в Нижнем Новгороде. Вот что он написал по-немецки.

Mein Austauschpartner heißt Sascha Orlov.

_____

_____

_____

Er besucht die 9. Klasse.

_____

Wir schreiben uns schon lange. _____

Während des Schüleraustauschs werde ich bei ihm zu Hause (seiner Familie) wohnen.

_____

Das finde ich prima. _____

Den ganzen Tag kann ich Russisch sprechen und sehen, wie die Russen leben.

_____

Ich möchte auch viel über Saschas Heimatstadt erfahren.

_____

2 Дополни таблицу. Найди нужную информацию в Интернете или в энциклопедии.

	Город-партнёр (например, Нижний Новгород)	Родной город (например, Эссен)
óбласть/земля́[1]		
на реке		
население		
основан в году		
от Москвы … км		
от Берлина … км		

1 Gebiet/Bundesland

3 Прослушай телефонный разговор между Деннисом и Сашей.
Прочитай вопросы и прослушай текст ещё раз. Потом ответь на вопросы.

Кому звонит Деннис?

_____

Почему Деннис звонит Саше? Что он хочет узнать?

_____

Какая погода в сентябре в Нижнем Новгороде?

_____

Какую музыку любит мама Саши?

_____

Какой вид спорта любит папа Саши?

_____

4 Ihr erwartet Gäste aus eurer russischen Partnerschule. Entwerft ein Programm für 5 Tage.

Понедельник	Вторник	Среда	Четверг	Пятница
в школе: у директора, на уроке русского языка				
	экскурсия:	спорт:		
кино:			концерт:	вместе с семьёй:

1 Выбери правильный ответ.

1. В центре города … фонтан.

А красивые ☐
Б красивое ☐
В красивый ☐

2. Комнаты в доме слишком … .

А мала ☐
Б мал ☐
В малы ☐

3. … домом находится огород.

А У ☐
Б На ☐
В Рядом с ☐

4. После окончания школы Максим хочет … в университет.

А практиковать ☐
Б поступить ☐
В окончить ☐

2 Прочитай письмо. Выбери нужные слова и напиши их.
Внимание! В таблице два лишних слова.

Привет, Марк!

Спасибо за твоё (0), на которое только сегодня могу ответить.
К сожалению, у меня было мало свободного времени, потому что
я готовился к (1). Экзамены прошли очень хорошо. Ты можешь меня
поздравить — я получил только пятёрки! Мои родители (2) мне MP4-плеер,
а моя тётя Зоя, которая (3) в Москве, подарила мне билет в театр
на «Три сестры» Чехова. Тётя Зоя всегда дарит мне билеты в театр, (4)
она знает, что я очень люблю Чехова, и, кроме того, я хочу стать актёром.
Но в нашем маленьком городе, конечно, нет театрального института.
Я буду (5) в театральный институт в Москве. Марк, а кем ты хочешь (6)?
Ты интересуешься театром? Я буду очень рад, если у меня в Дрездене будет
возможность и время пойти в (7). А сейчас мне надо на хоккей.

Пока! Пиши! Женя

живёт	~~письмо~~	подарили	поступать	потому что
стать	театр	учиться	что	экзаменам

М (0) письмо

(1) _____

(2) _____

(3) _____

(4) _____

(5) _____

(6) _____

(7) _____

Немецко-русский обмен

1   **Найди и запиши русские слова.**

а) Угадай эти слова.

ёрпми

аситьк

миртиыонгйепс

жоьомдёл

саяботьщ

рьауктул

жатек

ытсрна

Aufnahme/Empfang _____

suchen _____

gastfreundlich _____

kommunizieren _____

Jugend _____

Kultur _____

ebenfalls _____

Länder _____

б) Найди их в буквенном кроссворде.

В	С	Т	Р	А	Н	Ы	Э	Х
С	Д	Е	П	Р	И	Ё	М	З
С	Л	М	О	В	С	И	Б	Щ
К	У	Н	М	А	К	С	Г	О
К	Г	Б	Е	С	А	И	О	Т
М	О	Б	Щ	А	Т	Ь	С	Я
Л	Й	О	К	Р	Ь	О	Т	Ь
Й	А	Й	М	О	Й	Н	Е	Т
Ы	П	М	О	А	Ы	Т	П	У
У	К	У	Л	Ь	Т	У	Р	А
У	Р	Г	О	Й	С	Т	И	Я
У	Л	У	Д	О	Й	У	И	Т
П	Р	И	Ё	В	А	Е	М	Б
Т	А	К	Ж	Е	Н	О	Н	Ю
Ю	Е	Ж	Ь	Л	Ф	В	Ы	Й
Ф	Ц	Г	Р	У	Т	Ы	Й	С

2   **Впиши в текст письма нужные слова из упражнения 1.**

Von ...	Tobias-1001-hh@gmx.de
An...	Kuznetsovy-333-spb@mail.ru
Betreff	Немецко-русский обмен

Дорогие Кузнецовы!

Пишет вам Тобиас Ханиш из Гамбурга. Я очень рад, что я смогу жить у вас три месяца.

Я люблю _____ с людьми из разных _____.

Я очень интересуюсь русской _____, а _____ жизнью

российской _____. Мои родители передают вам большой привет.

До скорой встречи!   Ваш Тобиас

3   **Дополни вопросы и предложения правильными грамматическими формами глагола** *искать*.

www.gamburg.net

М – Что Марк ищет?   – Кого вы _____?   – Какую информацию ты _____?

    – Он ищет учебник.   – Мы _____ кошку.   – Я _____ информацию

                                                                 о русских в Гамбурге.

4 *Её, его* или *их*? Выбери и напиши подходящее притяжательное местоимение. (→ учебник, стр. 41 упр. 8)

M – Игорь – брат Кати? – Да, Игорь её брат.

– Игорь – брат Иры? – Да, Игорь _____ брат.

– Ира – сестра Игоря? – Да, Ира _____ сестра.

– Ира – сестра Игоря и Кати? – Да, Ира _____ сестра.

5 Напиши, куда и с кем Тобиас пойдёт.

Тобиас пойдёт на концерт с Игорем и с _____ сёстрами.

Тобиас пойдёт на футбол со _____ новым другом Игорем.

Тобиас пойдёт в кино с Катей, с _____ сестрой Ирой

и с _____ бабушкой.

FR 29.5.	SA 30.5.	SO 31.5.
Konzert mit Igor, Katja und Ira	Fußball mit Igor	Kino mit Katja, Ira und ihrer Oma

6 Вычеркни ненужные местоимения.

Виктор Иванович: Мне сегодня надо поговорить со своим / с его сыном Игорем.

Игорь: Мне не очень интересно заниматься со своими / с его сёстрами, но я же свой / их брат. Больше всего я, конечно, люблю проводить свободное время со своими / с его друзьями.

Екатерина Сергеевна
и Валентин Петрович: Хорошо, что мы живём вместе со своей / с их дочерью и со своим / с её мужем Виктором. Мы очень любим своих / их внуков.

7 Прочитай монолог Кати. Выбери и запиши нужные местоимения.

Я очень люблю _____ семью. Тобиас говорит, что он тоже очень

любит _____ семью. Вот фотография _____ семьи. В _____

семье три человека: Катрин Ханиш, _____ мама, Томас Ханиш,

_____ отец, и _____ сын Тобиас. _____ бабушка и дедушка живут

в Дрездене. Они не так часто видят _____ внука. Тобиас

рассказал, что они всей семьёй занимаются альпинизмом.

На каникулах _____ семья обычно ездит в Саксонскую Швейцарию.

его его свою свою его их его своего его его

8 Сравни картинки. Дополни предложения по образцу. Ответь на вопросы.

M У Ивана более спортивная фигура, чем у Олега.

Фигура Ивана спортивнее фигуры Олега.

А у кого в вашем классе самая спортивная фигура?

У _____ самая спортивная фигура.

Инна *Таня*

У Инны _____ ролики, чем у Тани.

Ролики Тани _____ роликов Инны.

А у кого в вашем классе самые новые ролики? _____

У кого более молодые родители?

_____

_____

_____

Антон *Аня*

А у кого в вашем классе самые молодые бабушки и дедушки? _____

_____

9 Выбери и напиши правильную форму притяжательного местоимения.

Твоя фигура спортивнее _____ (моей/моего)

Моя фигура менее спортивна _____ (твоей/твоему)

Мой мобильник моднее _____ (твоего/твоему)

Мои родители старше _____ (твоей/твоих)

А мои родители моложе _____ (всех других родителей класса /всего)

_____

Прослушай телефонный разговор. Прочитай высказывания. Прослушай разговор второй раз и отметь крестиком, правильны или неправильны эти высказывания. 🎧

	☺	☹
1. Ольга Петрова, координатор программы школьного обмена, работает в бюро Немецко-русского обмена.		
2. В бюро Немецко-русского обмена звонит Кузнецов Виктор Иванович из Москвы.		
3. У Виктора Ивановича маленькая семья.		
4. Его семья хочет пригласить к себе на месяц ученицу из Германии.		
5. Кузнецовы живут в Санкт-Петербурге на Невском проспекте, в доме № 48.		
6. Виктор Иванович – музыкант, а его жена – учительница.		
7. Ольга Петрова встретится с семьёй Кузнецовых 14 января.		

11

У тебя в гостях русский партнёр по обмену из Москвы.
Сформулируй и напиши подходящие вопросы к его ответам.

_____

Меня зовут Андрей.

_____

Я учусь в девятом классе в гимназии № 145.

_____

Мои любимые предметы (в школе) информатика, физкультура и история.

_____

В свободное время я занимаюсь баскетболом. Ещё я люблю играть в онлайновые игры.

_____

Да, у меня есть две старшие сестры.

_____

Я очень интересуюсь русским и американским хип-хопом.

_____

Я хочу стать веб-дизайнером.

_____

В Германии мне особенно нравятся немецкие автомобили, большие парки и, конечно же, симпатичные люди.

1 Ответь на вопросы. Используй при этом ключевые слова. (→ учебник, стр. 44 упр. 1)

а) Соотнеси эти слова с вопросами. Раскрась их одним цветом.

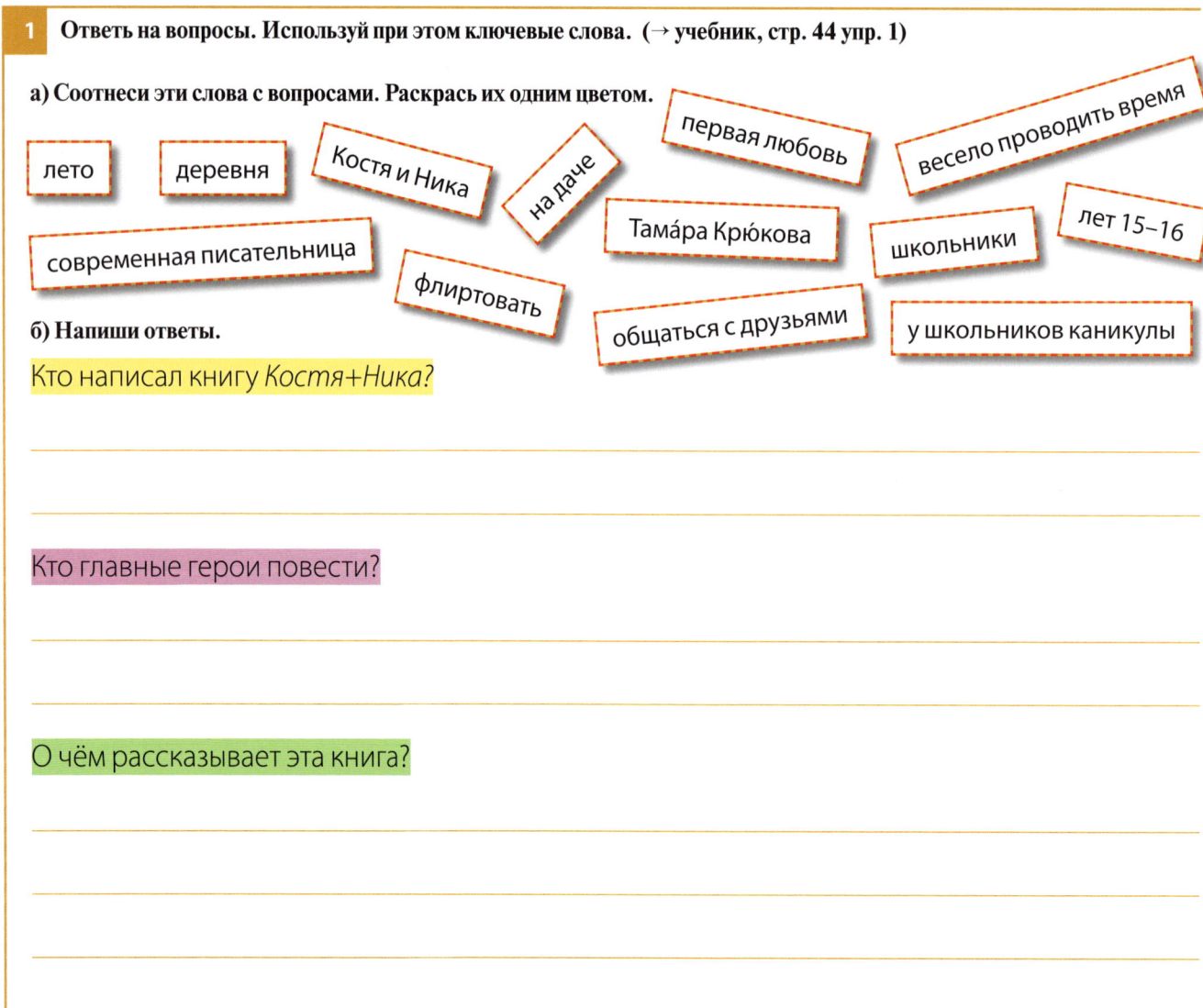

лето деревня Костя и Ника на даче первая любовь весело проводить время

современная писательница Тама́ра Крю́кова школьники лет 15–16

флиртовать общаться с друзьями у школьников каникулы

б) Напиши ответы.

Кто написал книгу *Костя+Ника?*

_____

_____

Кто главные герои повести?

_____

_____

О чём рассказывает эта книга?

_____

_____

_____

_____

2 Напиши ответ на сайте форума.

Forum	**Тема: Что читает современная молодёжь?**
reader333ka пользователь Москва	Всем привет! Пишу статью[1] в местный молодёжный журнал о том, что читает современная молодёжь. Пожалуйста, ответьте на мои вопросы. Как называется твоя любимая книга? Кто её автор? Что ты знаешь о нём? Кто главный герой книги? Что ты можешь рассказать о нём?… Всем большое СПАСИБО.
Гость	

1 Artikel

1 Выбери самые важные для тебя желания и цели. (→ учебник, стр. 46 упр. 1)
Подчеркни их. Запиши их в пирамиду.

интересное место работы   много свободного времени

путешествия за границу   хорошее образование

занятия спортом   социальная компетентность

карьера и деньги   независимость

хорошие друзья   собственный дом

свобода   семейное счастье

---

2 Составь предложения.

1. Я хочу вас спросить, где

2. Давайте поговорим о

3. Мне интересно узнать, сколько

4. Вы, наверное, знаете, что

5. Ты права, но я считаю, что любовь

а) детей должно быть в семье.

б) какие цели у молодёжи.

в) вы хотите жить, в квартире или в своём доме?

г) играет огромную роль в жизни каждого человека.

д) современной молодёжи.

е) хорошее образование играет большую роль в жизни российской молодёжи.

---

3 Напиши как минимум 5 предложений о своих целях и желаниях.
Что важно в твоей жизни? Что играет большую роль?

Я хочу с вами поговорить о своих целях и желаниях.

Думаю, вам интересно будет узнать, _____

_____

Важно сказать, что _____

С одной стороны, _____

а с другой стороны, _____

_____

_____

4 Bereite einen Beitrag zu einem Online-Projekt zum Thema *Жизнь молодёжи XXI века* vor. (→ учебник, стр. 46 упр. 2)

Schreibe, dass

– du mit deinen Gesprächspartnern über eure Wünsche sprechen möchtest.

_____

– du sie nach ihren Lebenszielen fragen willst.

_____

– einerseits eine gute Bildung wichtig ist,

_____

– es andererseits für junge Menschen auch wichtig ist, viel Zeit mit Freunden zu verbringen.

_____

_____

– man folglich einen Kompromiss suchen muss.

_____

5 Что понимает российская молодёжь под словом *счастье*?
Сравни ответы опроса со своим мнением.
Что важнее для российской молодёжи, а что, по-твоему, важнее для немецкой молодёжи?

M В России многие молодые люди хотят жить в собственном доме, а мне совершенно неважно, где жить, в маленькой квартире или в своём большом доме.

Как выглядит счастье по-русски?

(8% от опрошенных принималось до пяти ответов.)

Свой дом 69%, Счастливый брак 65%, Высокооплачиваемая работа 57%, Машина 34%, Интересная работа 30%, Много денег 29%, Двое детей в семье 27%, Путешествия за границу 13%, Красивая одежда 3%, Цветной телевизор 1%

- Свой дом
- Счастливый брак
- Высокооплачиваемая работа
- Машина
- Интересная работа
- Много денег
- Двое детей в семье
- Путешествия за границу
- Красивая одежда
- Цветной телевизор

1 Выбери правильный ответ.

1. Я очень люблю общаться

А с другими людьми. ☐
Б с других людей. ☐
В другим людям. ☐

2. Ирина читает быстрее

А Ларой. ☐
Б Лары. ☐
В Ларе. ☐

3. Для приёма иностранных школьников ищут

А гостеприимными семьями. ☐
Б гостеприимные семьи. ☐
В гостеприимным семьям. ☐

2 О ком идёт речь? Выбери правильный ответ.

1. Тобиас сфотографировал Игоря с его сестрой. Чья это сестра?

А Это сестра Тобиаса. ☐
Б Это сестра Игоря. ☐

2. Игорь сфотографировал Тобиаса со своей мамой. Чья это мама?

А Это мама Тобиаса. ☐
Б Это мама Игоря. ☐

3 Посмотри внимательно на картинки. Послушай объявления по радио. Выбери картинку-ответ на каждый вопрос. 🎧

1. Куда приглашают москвичей и гостей столицы?

А) Караоке-бар «ОЛИМПИЯ» ☐
Б) Дискотека «Олимпиада» ☐
В) Диско-бар «ОЛИМП» ☐
Г) Клуб-кафе «Олимпиада 80» ☐

2. Что можно посмотреть на выставке «Модно быть молодым»?

А) ☐
Б) ☐
В) ☐
Г) ☐

4 Deine Eltern bitten dich, ihre Fragen an deine/n Austauschpartner/in per E-Mail weiterzuleiten. Notiere die russischen Fragen. Deine Eltern wollen wissen,

– was er/sie gern zum Frühstück isst und trinkt. _____

– was er/sie gern mit euch am Wochenende unternehmen möchte.

_____

_____

– über welche Geschenke sich seine/ihre Eltern, Geschwister besonders freuen würden.

_____

_____

СМИ и молодёжь

1 Дополни диалоги.

а) *Журналист:* Ты читаешь журналы и газеты?

Лена: Да, р_____ _____ читаю журналы о м_____

и м_____.

б) *Журналист:* Какую роль в твоей жизни играет т_____?

Вадим: Это важный и_____ информации.

Журналист: А какие п_____ ты смотришь?

Вадим: Очень люблю смотреть м_____

и с_____ передачи, а также с_____.

в) *Журналист:* А тебе нравится смотреть р_____?

Вадим: Нет, она меня н_____, потому что она

п_____ интересные фильмы.

г) *Журналист:* Ты каждый день сидишь в И_____?

Нина: Да, п_____ 5 часов.

Журналист: А почему так много?

Нина: Ну, читаю о_____ газеты, с_____

музыку и компьютерные п_____,

о_____ со своими друзьями.

2 Прослушай интервью.
Какие иллюстрации соответствуют ответам мальчика? Отметь крестиком.

а)

б)

в)

г)

д)

3 Соедини части предложений. Напиши предложения в тетради. (→ учебник, стр. 50 упр. 1)

Вадим,	которая нервирует Вадима,	любит читать о моде и своих кумирах.
Реклама,	которая не интересуется политикой,	любит смотреть музыкальные передачи.
Лена,	для которого телевидение важный источник информации,	прерывает интересные фильмы.

4 Дополни диалоги по образцу. Придумай и напиши аналогичный диалог.

М – Вчера я был в интернет-кафе.

Новое интернет-кафе находится недалеко от школы.

– В каком?

– В новом, которое находится недалеко от школы.

а) – Давай поиграем на компьютере!

Вчера я скачал(а) игру из Интернета.

– А в какую игру?

– В новую игру, _____

б) – С кем ты делаешь презентацию о СМИ?

С Олегом я всегда делаю презентации.

– С Олегом.

– А кто это?

– Это одноклассник, _____

в) – Вика, ты знаешь журнал Сериал?

В журнале можно читать о популярных сериалах.

– Что это за журнал?

– Журнал, _____

г) – _____

_____

– _____

– _____

5 Объясни значение слов. Используй формы относительного местоимения *который*.

М телеман: человек – смотреть – телевизор

Телеман – это человек, который очень много смотрит телевизор.

журналист: человек – писать – газета – журнал

_____

компьютерный наркоман: человек – проводить – свободное время – компьютер

_____

_____

Bravo: журнал – читать – музыка и кумиры – молодёжный

_____

MTV: телеканал – смотреть – музыкальный – видеоклипы

_____

СМИ: средства массовой информации – информировать и развлекать – люди

_____

6 Найди и напиши 7 спрятанных (компьютерных) слов.

а) _____

б) _____

в) _____

г) _____

д) _____

е) _____

ж) _____

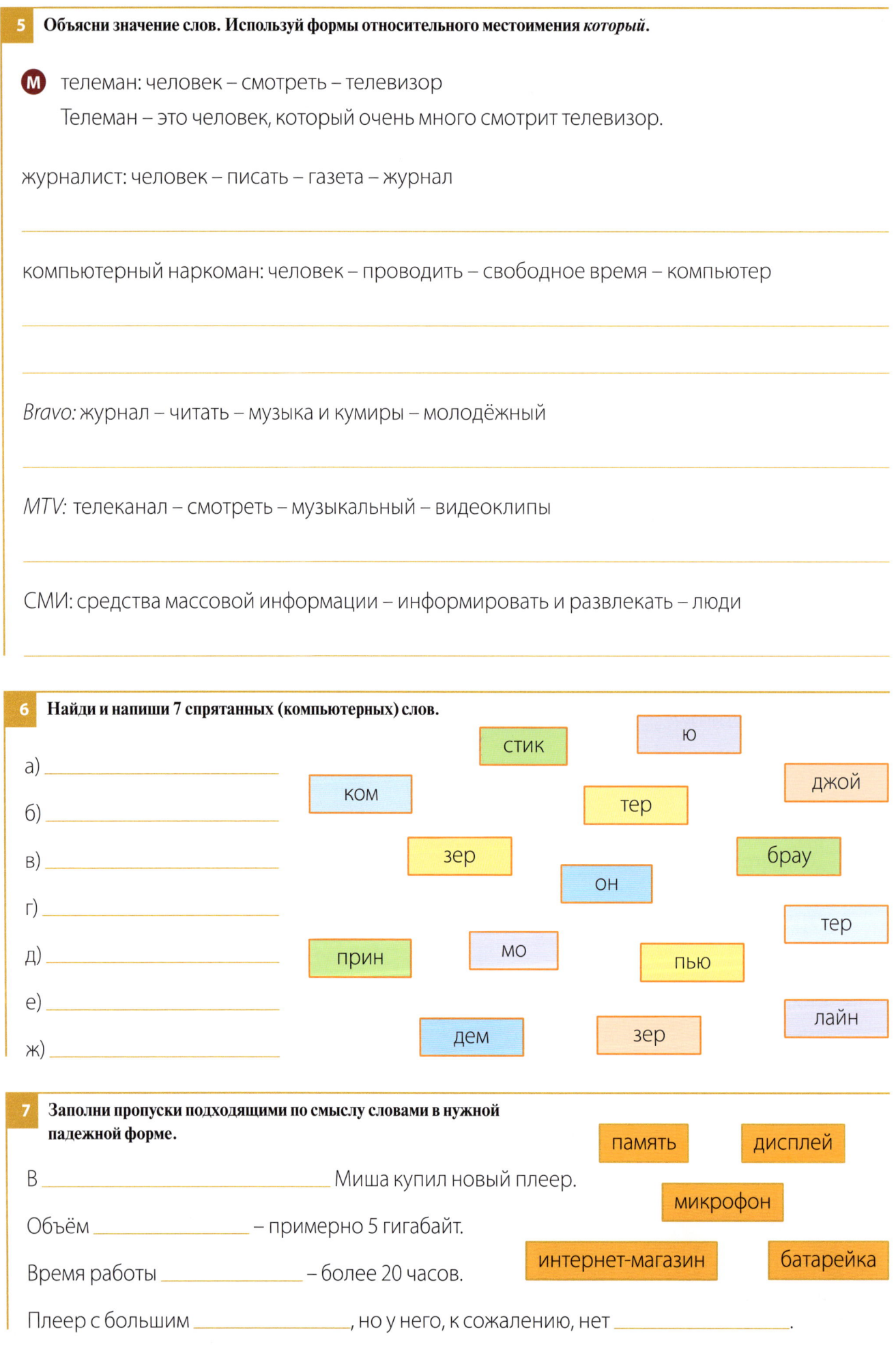

стик   ю

ком   тер   джой

зер   брау

он   тер

прин   мо   пью

дем   зер   лайн

7 Заполни пропуски подходящими по смыслу словами в нужной падежной форме.

память   дисплей

микрофон

интернет-магазин   батарейка

В _____ Миша купил новый плеер.

Объём _____ – примерно 5 гигабайт.

Время работы _____ – более 20 часов.

Плеер с большим _____, но у него, к сожалению, нет _____.

8 **Расскажи, что любит делать немецкая молодёжь в свободное время.**
   а) Дополни предложения.

Freizeitverhalten deutscher Jugendlicher

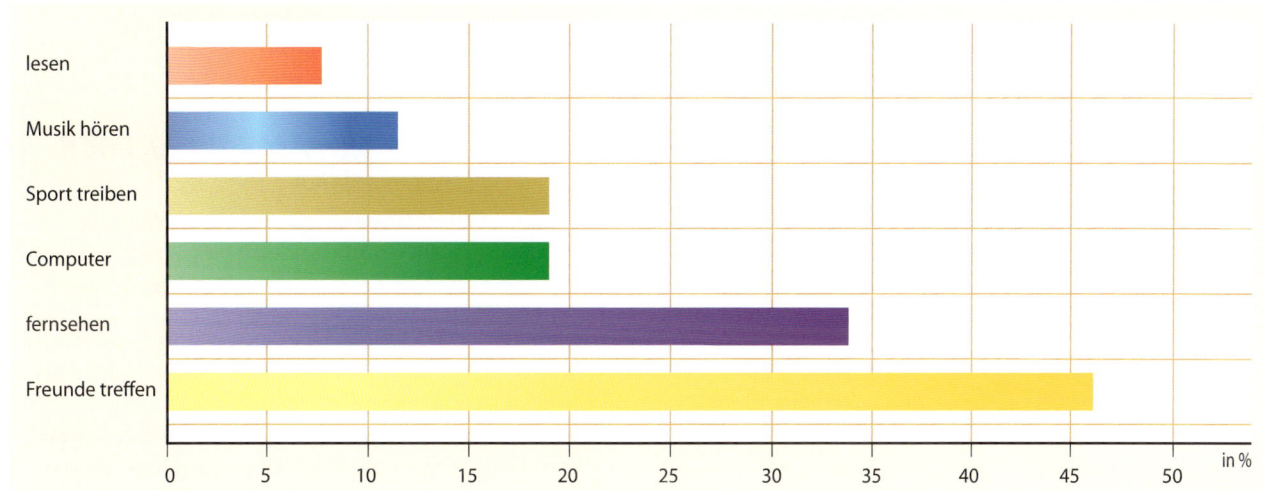

 Более 45 % молодёжи _____

_____

 Приблизительно 20 % молодых людей _____

_____

 Почти 35 % процентов молодых немцев _____

_____

 Более 10 % молодёжи _____

_____

 Менее 20 % молодых людей _____

_____

 Более 5 % молодых людей _____

_____

б) А что любят делать в свободное время ваши друзья (одноклассники, родители, учителя)?
Проведите опрос и расскажите о результатах.

1 Lies die folgende Zeitungsreklame aufmerksam durch. Konzentriere dich auf das Wesentliche.
Fülle den Informationsbogen auf Deutsch aus.

Produkt:

_____

Informationen zum Produkt:

_____

_____

_____

Wo und ab wann erhältlich?

_____

_____

ВПЕРВЫЕ В РОССИИ! ТОЛЬКО В ЕКАТЕРИНБУРГЕ!

„CHARGE-N-GO"

ПРОТИВ РАЗРЯДИВШЕГОСЯ МОБИЛЬНИКА

С 22 мая спрашивайте в продаже первое мобильное зарядное устройство для сотовых телефонов

„Чардж-Н-Гоу".

Вы едете на трамвае или на троллейбусе, а ваш сотовой телефон разрядился? Теперь у проблемы есть решение! Носите в кармане или сумочке мобильное зарядное устройство CHARGE-N-GO („Чардж-Н-Гоу")!

С Charge-N-Go вы сможете разговаривать по своему мобильному телефону всегда и везде. Везде, где нет электричества. Всегда, когда нет обычной зарядки.

Спрашивайте CHARGE-N-GO в салонах сотовой связи Екатеринбурга!

Узнавайте, где можно купить CHARGE-N-GO по телефону **217-54-20.**

„Чардж-Н-Гоу" работает от батарейки 1,5 V (AA)
Время разговора: до 140* минут.
*Продолжительность работы при использовании литиевых батареек или пальчиковых аккумуляторов.

„CHARGE-N-GO"
Будь на связи – всегда и везде!

---

2 О плюсах и минусах рекламы.
Составь предложения и запиши их в таблицу.

– особенно – на – реклама – телевидении – эффективна

– во – паузы – людям – передач – не – рекламные – время – нравятся

– помогает – товары – людям – выбрать – реклама – хорошие

– нужны – реклама – людям – не – которые – товары – покажет

плюсы рекламы	минусы рекламы

1 Какие слова ты знаешь? Напиши их.

визор

теле

2 Дополни разговор подходящими по смыслу вопросами.

Катя: _____

Марина: Да, я очень люблю смотреть фильмы.

Катя: _____

Марина: Особенно мне нравятся фильмы о любви, но фэнтези тоже смотрю.

Катя: _____

Марина: Триллеры? Нет. Никогда не смотрю.

Катя: _____

Марина: К сожалению, не так часто хожу. Раз в месяц, не больше.

У меня нет времени ходить в кино.

3 Какие фильмы они любят смотреть?

китыведет

кимилуть

имидеко

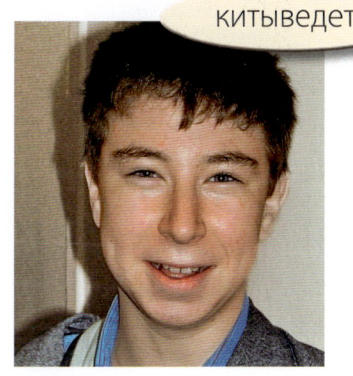

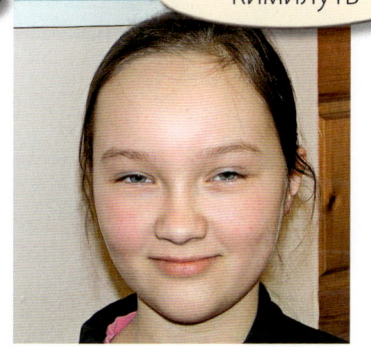

Антон

Лиза

Митя

_____   _____

А какие фильмы ты любишь смотреть?

_____

4 Прочитай названия кинопрофессий и переведи их на немецкий язык.

режиссёр _____

кинооператор _____

композитор _____

реквизитор _____

сценарист _____

специалист по спецэффектам _____

костюмер _____

5 Сначала послушай, что говорят о кино Света, Артур и Юлия.
Выбери и подчеркни правильный вариант.

1)	раз в месяц.
Света ходит в кино	2 раза в месяц.
	3 раза в месяц.

2)	фильмы о любви.
Она любит	триллеры.
	комедии.

3)	редко	
Артур	иногда	ходит в кино.
	регулярно	

4)	в деревне, в которой нет кинотеатра.
Он живёт	очень далеко от кинотеатра.
	в городе, в котором есть несколько кинотеатров.

5)	костюмером.
Юлия хочет стать	режиссёром.
	актрисой.

6)	со своей сестрой.
Она ходит в кино	с подругами.
	с другом.

1 Лена написала подруге записку. Дополни текст письма.

Дорогая Ася!

К сожалению, сегодня не могу пойти с тобой в кино. Буду в школе **(1)**. Потом, **(2)**, у меня тренировка по баскетболу. После тренировки, **(3)**, мы с родителями ужинаем у бабушки. Думаю, мы будем дома приблизительно **(4)**.

Извини! Я тебе завтра позвоню.

Лена

А) в восемь часов

Б) в шесть часов

В) около трёх

Г) с четырёх до пяти

Д) до трёх часов

1	2	3	4

2 Прочитай русский текст со словарём. Выбери правильный вариант перевода.

Трёхлетний мальчик купил на интернет-аукционе розовый кабриолет

В Англии трёхлетний Джек Нил купил на интернет-аукционе eBay розовый кабриолет Nissan Figaro, потому что его родители забыли стереть пароль с компьютера.

Его родители получили письмо с информацией о покупке машины. Отец маленького Джека сразу же позвонил продавцу автомобиля и рассказал ему, что его сын Джек купил машину. Продавец машины, Пол Джонс, человек с юмором, отменил покупку.

Мать Джека рассказала, что их сын уже разбирается в компьютерах. Однако родители установили на компьютер защиту от детей, которая блокирует некоторые сайты.

Dreijähriger kauft bei eBay rosafarbenes Cabrio

Der dreijährige Brite Jack Neill kaufte bei einer Internetauktion ein rosafarbenes Cabrio Nissan Figaro, da seine Eltern vergaßen,
    (0.a) *das Computerpasswort zu entfernen.*
    (0.б) *den Computer auszuschalten.*

Seine Eltern erhielten
    (1.a) *einen Brief mit der Information über den Kauf des Autos.*
    (1.б) *den Kaufvertrag für ihr neues Auto.*

Der Vater des kleinen Jack setzte sich sofort telefonisch mit dem Verkäufer in Verbindung und erklärte,
    (2.a) *dass er das Auto nicht gekauft habe.*
    (2.б) *dass sein Sohn das Auto gekauft habe.*

Der Verkäufer Paul Jones
    (3.a) *verstand keinen Spaß und forderte die Bezahlung des Autos.*
    (3.б) *erklärte den Kauf für ungültig.*

Jacks Mutter erzählte, dass sich ihr Sohn bereits mit dem Computer auskenne. Trotzdem installierten die Eltern einen Kinderschutz, der
    (4.a) *einige Seiten sperrt.*
    (4.б) *den Computer für Jack blockiert.*

0	1	2	3	4
a				

---

1 **Угадай и напиши слова.**

Катя решила СЕРНОЁЗЬ заниматься плаванием. _____

Спорт ЛЕЗЕПОН для здоровья и фигуры. _____

Он занимается МОБЕГ по вторникам и четвергам. _____

Моя подруга классно ЛЯВЫГДИТ. _____

Завтра в нашей школе СТОИТСЯСО футбольный турнир. _____

---

2 **Как правильно: *время* или *времени*? Дополни предложения.**

а) Наверно, я получу плохую отметку – не было _____ учить уроки.

б) Ира очень любит играть в волейбол. Почти в любое _____ её можно

  увидеть в спортзале.

в) Я слежу[1] за своей фигурой. Поэтому пью лимонад только время от _____

г) Пойдёшь завтра с нами в кино? – Нет, к сожалению, завтра у меня не

  будет _____

д) Во _____ каникул Дима почти весь день играет в футбол.

1 achte auf

---

3 **а) Образуй формы императива от следующих глаголов. Распредели их по колонкам.**

~~позвонить~~, включать, познакомиться, описать, готовить, послушать,
нарисовать, ответить, найти, открыть, подготовиться, помочь, прочитать,
рассказать, представить себе

-и	-й	-ь (-ься)
позвони		

б) Bilde zu jeder Spalte eine Form des Imperativs der 2. Person Plural.

		познакомьтесь

4 Проведите опрос в классе.

а) Выбери трёх-четырёх одноклассников. Спроси у них по-русски, сколько раз в неделю они едят эти продукты. Заполни таблицу. Используй для этого следующие символы:

часто: **++**

время от времени: **+ −**

никогда: **− −**

	Роберт			
	− −			
	+ −			
	++			
	− −			
	++			

б) Напиши о питании своих одноклассников.

Ⓜ Роберт никогда не ест бананы.

_____

_____

_____

_____

в) Порекомендуй своим одноклассникам есть полезные продукты.

Ⓜ Роберт, ешь бананы!

_____   _____

_____   _____

5 Что говорит учитель/учительница на уроке? Составь предложения по образцу.

M описать карикатуру → Опишите карикатуру.

а) показать график

_____

б) подготовить презентацию

_____

в) написать ответ

_____

г) назвать немецкие эквиваленты

_____

д) прочитать биографию

_____

е) ответить на вопрос

_____

з) провести дискуссию

_____

и) проинтерпретировать результаты

_____

6 Работаем над языковым материалом. Сгруппируй слова и запиши их в таблицу.

~~спортсмен~~ спорт тренировать тренажёрный зал спортивный

любой тренинг любимый любовь

любить спортзал

спортплощадка

спорттовары

тренировка

тренироваться

спорт	трен	люб
спортсмен		

7 Заполни пропуски глаголами в форме императива единственного числа.

а) _____ волейбольный матч (посмотреть).

б) _____ три раза в неделю (тренироваться).

в) _____ на спортплощадку каждый день (ходить).

г) Не _____ так часто во время тренировки (отдыхать).

д) _____ мне свои новые кроссовки (показать).

е) Не _____ на роликах там, где много людей (кататься).

8 Прочитай следующие объявления из Интернета. Что они рекламируют? Напиши букву.

| | Fitnessübungen für das Büro | | einen Tanzkurs | | ein Sonderangebot für einen Fitnessklub |

А Летняя акция «Дружба»

Приходи с другом или подругой в наш фитнес-клуб *Грация* и получи скúдку[1]

20 %

на персональные тренировки.

◄►

Б Офисный фитнес. 10 упражнений на рабочем месте.

1 Rabatt

9 Посмотри на картинку. Что ты можешь посоветовать этим девочкам? Напиши четыре предложения.

_____

_____

_____

_____

_____

10 Прослушай разговор между Катей и Светой. Расположи предложения в логической последовательности. Пронумеруй их.

| 1 | Катя и Света гуляли по городу. |

| | Кате нужно было купить кроссовки. |

| | Но Света посоветовала ей не покупать их. |

| | Поэтому девушки пошли в спортивный магазин. |

| | Они увидели рекламную информацию о распродаже в спортивном магазине. |

| | Она сказала, что они из плохого материала. |

| | В магазине был большой выбор кроссовок, девушки купили хорошие кроссовки. |

| | Сначала Катя хотела взять кроссовки, которые красиво выглядели. |

1 **Познакомься с результатами интернет-опроса. Прочитай, что ответили молодые люди на вопрос *Вы занимаетесь спортом?***

а) Подчеркни названия видов спорта.

> Из всех видов спорта я больше люблю бег. Кроме того, хожу в фитнес-клуб на индивидуальные занятия.

Таня, 18 лет

> Хожу на занятия по бодибилдингу в фитнес-клуб «О2».

Дима, 21 год

> Я занимаюсь футболом, без него жить не могу.

Андрей, 14 лет

> Летом играю в волейбол и в теннис, зимой катаюсь на горных лыжах на горнолыжных курортах Германии и Франции.

Максим, 15 лет

Олег, 20 лет

> Плаванием и фитнесом. По вторникам и четвергам я плаваю в бассейне.

> По выходным я играю в футбол. Собираюсь купить абонемент в фитнес-клуб.

Степан, 22 года

> В школе занималась настольным теннисом но сейчас, к сожалению, времени нет.

Вера, 19 лет

б) Напиши, кто из ребят занимается в фитнес-клубе.

_____

_____

2 **Напиши своему другу (своей подруге) из России о своих занятиях в фитнес-клубе.**

Schreibe, dass du froh bist, einen guten Fitnessklub gefunden zu haben.

_____

Schreibe, dass dort hochqualifizierte Trainer arbeiten.

_____

Schreibe, dass du auf deine Figur achten möchtest.

_____

1 Послушай, что рассказали школьники из Сочи, столицы XXII Зимних Олимпийских игр, журналисту о спорте. Подчеркни правильный вариант ответа.

После школы Степан играет в футбол	на стадионе.
	в спортивном кружке.
	на спортплощадке.

Полезны для здоровья занятия	любым видом спорта.
	дзюдо.
	теннисом.

В культурном центре города можно	смотреть фильмы.
	заниматься танцами.
	проводить вечеринки.

Анна	не занимается спортом.
	не хочет заниматься спортом.
	хочет заниматься плаванием.

2 Твой одноклассник (Твоя одноклассница) хочет вести здоровый образ жизни.

а) Какие советы могут быть полезными? (✔ = да; ✘ = нет).

- ✔ Занимайся спортом, когда у тебя есть время.
- ☐ Бери с собой в школу не колу, а воду.
- ☐ Ешь пиццу каждый день.
- ☐ Выбери вид спорта, который тебе подходит.
- ☐ Смотри телепередачи о футболе.
- ☐ Составь для себя план здорового питания.
- ☐ Купи абонемент в фитнес-клуб.

б) А что ещё ты ему (ей) посоветуешь? Напиши три совета.

_____

_____

_____

_____

_____

_____

_____

3 Прочитай рекламную информацию из Интернета.

a) Unterstreiche zunächst Wörter, die du aus anderen Sprachen kennst und die dir helfen können, den Text zu verstehen (z. B. администрация).

Классный подарок для поклонников Андрея Аршавина

АНДРЕЙ АРШАВИН

17.12.2010

В СБОРНОЙ	ВНЕ ИГРЫ	ФАН-СЕКТОР	МАГАЗИН	КОНТАКТЫ

Ты на фото с Андреем Аршавиным!

Администрация сайта arshavin.eu вместе с сетью магазинов[1] *Футбольный мир* проводит благотворительную кампанию *Андрей и я*.

Заказывай[2] свою уникальную фотографию сделанную техникой фотомонтажа или шарф болельщика на память! На фотографии будут ты, Андрей Аршавин, Кубок и Суперкубок УЕФА. Большую часть денег кампании получат дети *Детской деревни SOS* города Пушкина.

1 Handelskette   2 Bestelle

б) Найди в словаре следующие слова и напиши их немецкие эквиваленты.

поклонник _____ шарф _____

благотворительный _____ память _____

болельщик _____ кубок _____

в) Прочитай текст ещё раз и ответь на вопросы.

1. Каким видом спорта занимается Андрей Аршавин?

_____

2. О какой кампании информирует этот текст?

_____

3. Что обещает администрация сайта?

_____

_____

4. Кому помогают участники этой акции?

_____

1   **Соедини части предложений. Внимание! Одна часть лишняя.**

2   **Прочитай отрывок из сочинения на тему *Мой спортивный кумир*. Заполни пропуски.**
Запиши в таблицу нужные буквы.

Сегодня я напишу о своём кумире. Его зовут Дмитрий Красичков.

Дима начал 0 , когда ему было 12 лет. Его друзья ходили на занятия боксом,

и он ходил 1 . После 2   Дмитрий решил серьёзно заниматься боксом.

Но скоро он вместе 3   Виктором Ивановичем Шиловым перешёл в кикбоксинг.

У Дмитрия есть много призов. Он три раза ездил на чемпионаты мира по кикбоксингу,

всегда занимал 4 . Кроме того, он был чемпионом России в 2003, 2004 и 2005 годах.

В одном из своих интервью Дмитрий сказал: «Спорт – это часть моей жизни.

Он полезен 5 , занятия спортом улучшают самочувствие.

Но самое главное – спорт помогает не бояться проблем. Он помогает найти друзей».

А	со своим тренером
Б	заниматься спортом
В	первых каникул
Г	для здоровья

Д	последние места
Е	вместе с ними
Ж	первые места
З	первых тренировок

0	1	2	3	4	5
Б					

На самолёте в отпуск

1 Дополни словосочетания и наречия времени. Допиши по 4 примера в каждом ряду.

часто,

по выходным,

утром,

в 2 часа,

2 Чем занимаются эти люди во время отпуска? А когда (в какое время дня) они это делают?
Составь предложения с помощью материала упражнения 1 и этих картинок.

Пётр Иванович

Вадим

Лена и Таня

Вадим и Лена

Нина Петровна

Три друга

М Пётр Иванович любит ловить рыбу по выходным.

3 Составь мини-диалоги. Используй данные прилагательные.

– Что ты хочешь делать?

полезный

– Что-нибудь полезное.

красивый

весёлый

интересный

4 *Кто-нибудь* или *что-нибудь?* Прочитай, что рассказывает Вадим.
Выпиши падежные формы неопределённых местоимений.
Дополни таблицу другими падежными формами.

«В этом году мы все хотим делать что-нибудь интересное.
Каждый из нас мечтает о чём-нибудь прекрасном.
Папа хочет поехать к кому-нибудь в гости. Он говорит,
что это будет веселее и не так дорого. Но я не хочу проводить
все каникулы у кого-нибудь дома. Я хочу поехать в отпуск
с кем-нибудь из моих друзей. А вы тоже будете заниматься
чем-нибудь особенным во время каникул?»

Nom.	кто-нибудь	что-нибудь
Gen.		
Dat.		
Akk.		
Instr.		
Präp.		

5 Кто куда поедет или полетит? Составь предложения.

Исачкины   я   Волга   Сочи   Англия

Антон

горы   бабушка и дедушка

тётя Ира и дядя Андрей   Карелия

чёрное море

подруга Лены   Таня   Москва

(M) Исачкины поедут (полетят) в Сочи.

1. _____

2. _____

3. _____

4. _____

5. _____

6. _____

6 Напиши подходящую по смыслу приставку.

пере   вы   при   про   пере

у

Самолёт ____ летает
в Москву.

Самолёт ____ летает
из Берлина.

Самолёт ____ летает
город.

Поезд ____ езжает
деревню.

Автобус ____ езжает
мост.

Мы ____ езжаем в отпуск.

7 Прослушай текст и отметь, какие высказывания правильны (п), а какие неправильны (н).

1. Администратор гостиницы рекомендует забронировать апартамент. ☐

2. В гостинице есть номер на три человека с 15-го по 25-е августа. ☐

3. Гостиница находится далеко от самого лучшего пляжа курорта. ☐

4. Недалеко от гостиницы находится озеро. ☐

5. В гостинице есть свой теннисный корт. ☐

8 Что это такое? Найди и напиши подходящее слово в правильной грамматической форме.

1. Суббота и воскресенье – это в_____ дни.

2. Где люди спят, когда они проводят выходные в лесу или в горах? – В п_____.

3. Где можно забронировать номера в гостинице и купить билеты на самолёт

   или на поезд? – В т_____

4. Россия – это о_____ по территории страна.

5. Наш б_____ – это сумки и рюкзаки.

6. Л_____ – это транспортное средство, на котором можно кататься по воде.

9 Объясни значение этих слов по-русски.

Пляж – это _____

_____

Отпуск – это _____

Аэропорт – это _____

10 Задай вопросы.

Frage deinen Gesprächspartner/ deine Gesprächspartnerin,

– wohin er/sie am liebsten in den Ferien fährt. _____

_____

– ob er/sie schon einmal ins Ausland geflogen ist.

– _____

– ob er/sie eigene Ferienpläne mit den Eltern abstimmt.

– _____

В далёкие края

1 Задай вопросы к тексту (→ учебник, стр. 74 упр. 1). Ответы тебе помогут.

1. – _____

– Это самая длинная железная дорога в мире.

2. – _____

– В Москве, с Ярославского вокзала.

3. – _____

– Во Владивостоке.

4. – _____

– Больше 100 лет.

5. – _____

– Они восхищаются прекрасной природой.

2 Напиши под картинками подходящий текст.
Вставь нужные глаголы. (→ учебник, стр. 75 упр. 4)

Мы очень…

Животные … от пожара.

Ребята … в Иркутск.

Ребята … в палатке.

Ночью недалеко от нашей палатки … медведь.

Слава богу, всё … хорошо.

_____

_____

_____

_____

_____

_____

1 Дополни таблицу. Соотнеси глаголы с подходящими словами/словосочетаниями.

Совершенный вид	Несовершенный вид	
	восхищаться	(1)
понравиться	нравиться	(2)
	советоваться	(3)
побояться	бояться	(4)
найти		(5)
	узнавать	(6)
	вылетать	(7)
услышать		(8)

А) опасных приключений

Б) из аэропорта

В) туристам

Г) из Интернета

Д) шорох

Е) с друзьями

Ж) природой

З) компромисс

2 Прочитай отрывок из письма Виктора своим родителям.
а) К сожалению, его трудно прочитать. Заполни пропуски.

... В гостинице я узна   , что мож   взять велосипед
на весь день. И я реши   покатать   .
Я посоветовался с парнем, который здесь жив   ,
куда поехать. Он предло   мне маршрут
по прекрасному лесу в красивую деревню. Я   хал
в деревню сегодня утром. Погода бы   чудесная.
Я восхи   ся красив   природ   и на часы не
смотрел. Но когда я уже   ехал километров 20,
а деревни всё ещё не было видно[1], я нача   боять   .
Вдруг я   слыша   шорох.

1 war noch nicht in Sicht (nicht zu sehen)

б) Придумай и напиши конец письма.

3 Помоги немецким туристам, которые не говорят по-русски. Прочитай рекламный текст. Передай его основное содержание по-немецки. Дополни предложения.

Если вы хотите

ближе познакомиться с азиатской частью России, приглашаем вас в путешествие по Транссибу!

Вы будете ехать в шикарном вагоне. Вам не будет скучно. Во время этого путешествия вы познакомитесь и пообщаетесь с интересными людьми. В ресторане поезда вам предложат блюда русской кухни: борщ, пельмени, блины…

Вы будете восхищаться красотой сибирской природы. А если повезёт, вы увидите даже медведей. А ещё вы обязательно увидите наш чудесный Байкал. Для россиян это не просто красивое озеро, а настоящая легенда.

Говорят, что это не только самое глубокое озеро в мире, но, наверное, и одно из самых чистых озёр на планете. В нём живёт несколько тысяч разных видов рыб.

Im Flyer wird für _____

_____

Unterwegs kann man, _____

_____

_____

Der Baikal ist _____

_____

4 Проведи опрос в своём классе на тему *Планы на летние каникулы.*
а) Дополни таблицу.

Планы на летние каникулы одноклассников	Сколько учеников?
остаться дома	
путешествовать по Германии	
поехать куда-нибудь за границу	
ещё не знают	

б) Напиши маленький текст о результатах опроса для газеты вашей школы-партнёра.

1 Напиши подходящее по смыслу слово или словосочетание.

1. Нина и Пётр много работают, но с 1-го по 30-ое августа у них _____.
2. Лена не хочет _____ каникулы в России,
   она хочет поехать _____.
3. Четыре года _____ вся наша семья отдыхала в Карелии.
4. Многие ребята любят делать _____ опасное.
5. Все, кто приезжает на Байкал, _____ им.
6. Я ещё не знаю, куда _____ в августе. Ты можешь мне что-нибудь
   _____ ?

2 Отметь правильный вариант.

1. Наш самолёт _____ из Москвы рано утром.

   А ☐ пойдёт Б ☐ переедет В ☐ вылетает

2. Ирина _____ из дома 5 минут назад.

   А ☐ прошла Б ☐ вышла В ☐ ходила

3. Туроператор сказал, что мы _____ во Владивосток в 15 часов.

   А ☐ выходим Б ☐ приезжаем В ☐ ездим

3 Твои родители не говорят по-русски, а Олег ещё плохо говорит по-немецки. Помоги им.

Твой отец: Oleg, ich habe gehört, bei euch fangen

die Sommerferien schon im Juni an,

stimmt das?

Ты: _____

Олег: Да, но у старшеклассников в июне ещё экзамены.

Ты: _____

Твоя мама: Und fährst du nach den Prüfungen mit deinen Eltern weg?

Ты: _____

Олег: Да, в августе мы поедем на Чёрное море, в дом отдыха.

А в июле мы переедем в новую квартиру. Там будет много работы.

Ты: _____

_____

Mein Portfolio zu Диалог 3

Hören

Ich kann
- einfache Texte zu vertrauten Themen so weit verstehen, dass ich weiß, worum es geht.
- den Texten bestimmte Informationen entsprechend der Höraufgabe entnehmen.
- Gespräche anderer Personen zu vertrauten Themen so weit verstehen, dass ich weiß, worum es geht.
- Durchsagen auf dem Flughafen verstehen.

Lesen

Ich kann
- einfache Texte zu vertrauten Themen so weit verstehen, dass ich weiß, worum es geht.
- in den Texten bestimmte Informationen entsprechend der Leseaufgabe finden.
- den Inhalt von Werbung verstehen.
- den Inhalt von grafischen Darstellungen verstehen.

An Gesprächen teilnehmen

Ich kann
- ein Gespräch beim Arzt führen und auf Fragen zu meinem Befinden antworten.
- ein Gespräch an der Hotelrezeption führen und ein Zimmer buchen.
- ein Gespräch im Computergeschäft führen und mich nach Preisen und technischen Daten eines MP3/MP4-Players oder eines Handys erkundigen.
- ein Gespräch im Reisebüro führen und Informationen
    - zum Ferienort,
    - zur Unterkunft,
    - zu Abflug- und Ankunftszeiten einholen.
- im Gespräch
    - meine Meinung zu vertrauten Themen sagen und
    - diese auch begründen.
    - die Meinung von anderen erfragen.
    - einen Rat zu gesunder Lebensweise geben.
    - Eindrücke über ein Ferienerlebnis wiedergeben.
- an einer Diskussion teilnehmen
    - zu Problemen von Jugendlichen.
    - zur Rolle von Werbung.
    - zur Bedeutung von Fernsehen und Kino für junge Leute.
    - zur Rolle von Sport und Fitnesstraining.
    - zum Leben in der Taiga.
- ein Interview zur Bedeutung von bestimmten Sportarten führen.

Zusammenhängendes Sprechen

Ich kann
- über den Alltag und Aufgaben in der Familie berichten.
- über Traditionen in meiner Familie erzählen.
- beschreiben, wie ich mir tolle Eltern vorstelle.
- begründen, warum ich lieber in der Stadt oder auf dem Land leben möchte.
- über meine Erwartungen an einen Schüleraustausch sprechen.
- sagen, womit sich deutsche Jugendliche in der Freizeit beschäftigen.
- über ein interessantes Buch oder einen interessanten Film erzählen.
- meinen Tagesablauf beschreiben.
- erklären, welche Rolle Medien in meinem Leben spielen.
- meinen Lieblingssportler präsentieren.
- über meine Ferienpläne und Ferienerlebnisse sprechen.
- grafische Darstellungen interpretieren.

| | + | fällt mir schwer | | ++ | kann ich noch nicht so gut | | +++ | kann ich gut | | ++++ | kann ich sehr gut |

54

Schreiben

Ich kann

– über die Traditionen in meiner Familie
 schreiben.
– meinen besten Freund (meine beste
 Freundin) beschreiben (charakterisieren).
– entsprechend der Aufgabe Informationen
 aus gelesenen oder gehörten Texten notieren.
– einen Flyer über meinen Lieblingsfreizeitort
 oder meinen Heimatort gestalten.
– ein Werbeplakat entwerfen.
– einen Fragebogen zum Thema *Fernsehen
 und Kino* formulieren.
– einen Wochenplan für eine gesunde Lebens-
 weise erstellen.
– über meine Ferienpläne und Ferienerlebnisse
 schreiben.
– Arbeitsergebnisse in Form einer Mindmap
 oder einer Grafik darstellen.

Sprachmittlung (Mediation)

Ich kann

– in vertrauten zweisprachigen Alltagssituationen,
 z. B. beim Arzt, beim Einkaufen, im Hotel, im
 Reisebüro zwischen den Gesprächspartnern in
 deutscher und in russischer Sprache vermitteln.
– den wesentlichen Inhalt aus kurzen und einfachen
 gehörten russischen Texten zu vertrauten Themen
 in deutscher Sprache für jemand anderen
 zusammenfassen.
– den wesentlichen Inhalt aus kurzen und einfachen
 gelesenen russischen Texten zu mir vertrauten
 Themen in deutscher Sprache für jemand anderen
 zusammenfassen.
– den Inhalt kurzer und einfacher schriftlicher
 deutscher Texte zu mir vertrauten Themen in
 russischer Sprache für jemand anderen sinngemäß
 wiedergeben.

Russland und seine Menschen

Ich kann

– Feiertage benennen, die in russischen
 Familien eine große Rolle spielen.
– russische Orte, die ich im Russischunterricht
 kennen gelernt habe, geografisch einordnen.
– einige Informationen geben
    • zu interessanten Orten in Russland.
    • zum Leben von Jugendlichen in
     Russland.
    • zu den XXII. Olympischen Winterspielen.
    • zur Transsib.
    • zum Baikalsee.
    • zum Leben in der Taiga.

Fragepronomen *чей*

Mit dem Fragepronomen (Interrogativpronomen) *wessen? – чей? т., чья? w., чьё? s.; чьи? Pl.*
wird nach dem Besitzer bzw. nach der Zugehörigkeit von Personen, Tieren und Sachen gefragt.
Die russische Form von *wessen/whose*, die im Deutschen und Englischen unveränderlich ist,
bezieht sich in Genus, Kasus und Numerus auf das entsprechende Substantiv.

Чей это мобильник_?	– Это мой мобильник.
Чья это книга?	– Это книга учительницы.
Чьё это кресло?	– Это кресло бабушки.
Чьи диски там лежат?	– Там лежат наши диски.

Diese Fragepronomen werden wie Adjektive mit weichem Stammauslaut dekliniert.
Die deklinierten Formen werden aber selten verwendet.

О чьих песнях вы говорили?	– Мы говорили о песнях Димы Билана.
Чью песню ты слушала?	– Я слушала песню Земфиры.

Negativpronomen und Negativadverbien

Die Verneinung kann im Russischen wie im Deutschen auch mit Hilfe von Negativpronomen
(z. B. *niemand*, *nichts*) und Negativadverbien (z. B. *nirgends*, *nirgendwo*, *nie*, *niemals*) erfolgen.
Anders als im Deutschen werden die Negativpronomen von den Fragepronomen *кто?*, *что?*, *какой?*
abgeleitet und wie diese dekliniert.

кто?	никто́ – никого́, никому́, никого́, ни с кем, ни о ком
что?	ничто́ – ничего́, ничему́, ничто́, ничём, ни о чём
какой?	никако́й – никако́го, никако́му, никако́й/никако́го, никаки́м, ни о како́м
	никака́я – никако́й, никако́й, никаку́ю, никако́й, ни о како́й
	никаки́е – никаки́х, никаки́м, никаки́е/никаки́х, никаки́ми, ни о каки́х

Wird das Negativpronomen mit einer Präposition verbunden, so wird diese dazwischen geschoben,
wobei alle Bestandteile getrennt geschrieben werden.

ни у кого – *bei niemandem*   ни с кем – *mit niemandem*   ни о чём – *über nichts*

Anders als im Deutschen muss im russischen Satz das Prädikat zusätzlich durch *не* verneint werden,
d. h. die Verneinung wird verstärkt (doppelte Verneinung).

Никто не делал уроки.	*Niemand hat Hausaufgaben gemacht.*
Я ничего не понимаю.	*Ich verstehe nichts.*
Он никаких фруктов не любит.	*Er mag gar kein Obst (keine (keinerlei) Früchte).*

Die Negativadverbien werden ähnlich wie im Deutschen von den Frageadverbien abgeleitet.

когда?	никогда
куда?	никуда
где?	нигде

Auch bei der Verwendung der Negativadverbien muss im Russischen das Prädikat zusätzlich durch не/нет verneint werden.

Он никогда <u>не</u> моет посуду.	*Er wäscht nie/niemals das Geschirr ab.*
Летом мы никуда <u>не</u> поедем.	*Im Sommer fahren wir nirgendwohin.*
У Вовы никогда <u>нет</u> времени.	*Wowa hat niemals Zeit.*

G3 **Притяжательные местоимения *его, её, их*** ↗ 3 A

Possessivpronomen *его, её, их*

Die Possessivpronomen *его, её, их* beziehen sich auf die 3. Person, d. h.

его* – *sein(e)*	drückt Zugehörigkeit oder Besitz einer männlichen Person aus,
её – *ihr(e)*	drückt Zugehörigkeit oder Besitz einer weiblichen Person aus,
их – *ihr(e)*	drückt Zugehörigkeit oder Besitz mehrerer Personen aus.

* *его* wird auch bei sächlichen Substantiven verwendet

Это семья <u>Тобиаса</u>.	Это <u>его</u> семья.	*Das ist seine Familie. (die Familie von Tobias)*
Это письмо <u>мамы</u>.	Это <u>её</u> письмо.	*Das ist ihr Brief. (Der Brief gehört der Mutter.)*
Это фото <u>мамы и папы</u>.	Это <u>их</u> фото.	*Das ist ihr Foto. (Das Foto gehört der Mutter und dem Vater.)*

Im Gegensatz zu den Possessivpronomen der 1. und 2. Person Singular und Plural — *мой, твой, наш* und *ваш* — werden *его, её, их* nicht dekliniert. Sie sind also unveränderlich.

Передай, пожалуйста, привет <u>твоим</u> родителям.	*Grüße bitte <u>deine</u> Eltern.*
Передай, пожалуйста, привет <u>его</u> родителям.	*Grüße bitte <u>seine</u> Eltern. (die Eltern einer anderen männlichen Person)*
Передай, пожалуйста, привет <u>её</u> родителям.	*Grüße bitte ihre Eltern. (die Eltern einer anderen weiblichen Person)*

G4 **Притяжательное местоимение *свой*** D E ↗ 3 A

Possessivpronomen *свой*

Im Russischen gibt es — anders als im Deutschen oder Englischen — ein reflexives Possessivpronomen **свой**.
Auch *свой* drückt einen Besitz oder die Zugehörigkeit von Personen, Tieren und Sachen aus.
Im Gegensatz zu *его, её, их* wird *свой* dekliniert — und zwar nach dem Deklinationsmuster von *мой* und *твой*.

	Singular			Plural
	männlich	sächlich	weiblich	
Nominativ*	сво**й**	сво**ё**	сво**я**	сво**й**
Genitiv	сво**его**		сво**ей**	сво**их**
Dativ	сво**ему**		сво**ей**	сво**им**
Akkusativ	сво**й** *или* сво**его**	сво**ё**	сво**ю**	сво**й** *или* сво**их**
Instrumental	сво**им**		сво**ей**	сво**ими**
Präpositiv	(о) сво**ём**		(о) сво**ей**	(о) сво**их**

* Als Reflexivpronomen kann *свой* eigentlich nicht im Nominativ stehen.
Mitunter übernimmt es aber die Rolle eines Adjektivs in der Bedeutung von *eigen, vertraut, besonderer* und tritt dann auch im Nominativ auf.

Свой wird verwendet, wenn sich das Possessivpronomen auf das Subjekt desselben Satzes bezieht.
Für die 1. und 2. Person kann synonym dazu auch *мой* und *твой* bzw. *наш* und *ваш* verwendet werden.

<u>Я</u> говорю <u>со своим</u> / с моим другом.	*Ich* spreche mit <u>meinem</u> *Freund.*
<u>Ты</u> говоришь <u>со своим</u> / с твоим другом.	*Du* sprichst mit <u>deinem</u> *Freund.*
<u>Мы</u> говорим <u>со своим</u> / с нашим другом.	*Wir* sprechen mit <u>unserem</u> *Freund.*
<u>Вы</u> говорите <u>со своим</u> / с вашим другом.	*Ihr* sprecht/Sie sprechen mit <u>eurem</u>/*Ihrem Freund.*

Die Beispielsätze zeigen, dass *свой* für alle Personen des Singulars und Plurals verwendet wird und somit entweder durch *mein, dein, unser* oder *euer (Ihr)* wiedergegeben werden kann.

❗ Betrifft das Possessivpronomen eine <u>3. Person</u> (Sg. + Pl.) und ist diese Person gleichzeitig das <u>Subjekt</u> des Satzes, muss unbedingt eine Form von *свой* verwendet werden.

<u>Тобиас</u> рассказывает о **своей** семье.	*Tobias erzählt über <u>seine (eigene)</u> Familie.*
<u>Катя</u> любит **свою** бабушку.	*Katja liebt <u>ihre (eigene)</u> Großmutter.*
<u>Дедушка</u> видит **своих** внуков каждый день.	*Der Großvater sieht <u>seine (eigenen)</u> Enkel jeden Tag.*

Denn: Wird in diesen Sätzen *его, её* und *их* verwendet, so entsteht ein ganz anderer Sinn:

Тобиас рассказывает о **его** семье.
Damit ist gemeint, dass Tobias über die Familie einer anderen männlichen Person spricht.
Diesen Satz könnte man an Stelle des folgenden Satzes verwenden:
Тобиас рассказывает о семье Игоря.

Катя любит **её** бабушку.
Dies bedeutet, dass Katja die Großmutter einer anderen weiblichen Person mag.
Diesen Satz könnte man an Stelle des folgenden Satzes verwenden:
Катя любит бабушку Тани.

Дедушка видит **их** внуков.
Damit ist gemeint, dass der Großvater die Enkel von anderen Personen sieht.
Diesen Satz könnte man an Stelle des folgenden Satzes verwenden:
Дедушка видит внуков Ивановых.

G 5	**Относительное местоимение** *который*	**D** **E** **↗ 4A**

Relativpronomen *который*

Wie im Deutschen oder Englischen verweisen die Relativpronomen im Russischen auf ein vorheriges Wort oder eine vorherige Wortgruppe und erläutern diese näher.
Dabei leiten sie einen Nebensatz ein, den so genannten Relativsatz.
Diese Funktion übernimmt im Russischen das Relativpronomen *который*. Es wird wie ein Adjektiv dekliniert.

Мы нашли компакт-диск, **который** хотели купить.	*Wir haben die CD gefunden, <u>die</u> wir kaufen wollten.*
Женщина, **которая** там стоит, тренер нашей волейбольной команды.	*Die Frau, <u>die</u> dort steht, ist die Trainerin unserer Volleyballmannschaft.*
Директор знает всех учеников, **которые** учатся в нашей школе.	*Der Direktor kennt alle Schüler, <u>die</u> an unserer Schule lernen.*
Это Борис, **с которым** я часто играю в шахматы.	*Das ist Boris, <u>mit dem</u> ich oft Schach spiele.*
Улица, **на которой** мы живём, шумная.	*Die Straße, <u>in der</u> wir wohnen, ist laut.*

Das Relativpronomen *который* verhält sich genauso wie seine deutsche Entsprechung:
1. Es wird dekliniert und vor ihm kann eine Präposition stehen.
2. Es richtet sich in <u>Genus</u> und <u>Numerus</u> nach dem Substantiv, auf das es sich bezieht.
3. Der <u>Kasus</u> richtet sich nach der Rektion des Verbs oder der Präposition im Relativsatz.

	Singular			Plural
	männlich	**sächlich**	**weiblich**	
Nominativ	котор**ый**	котор**ое**	котор**ая**	котор**ые**
Genitiv	котор**ого**		котор**ой**	котор**ых**
Dativ	котор**ому**		котор**ой**	котор**ым**
Akkusativ	котор**ый** *или* котор**ого**	котор**ое**	котор**ую**	котор**ые** *или* котор**ых**
Instrumental	котор**ым**		котор**ой**	котор**ыми**
Präpositiv	(о) котор**ом**		(о) котор**ой**	(о) котор**ых**

G 6 **Wiedergabe von** *wenn*   D E ↗ 2A

Konjunktionen *когда* und *если*

Im Russischen werden – wie im Englischen – zur Wiedergabe der deutschen Konjunktion
wenn unterschiedliche Konjunktionen verwendet – *когда* (Zeit) und *если* (Bedingung).
Temporalsätze (Adverbialsätze der Zeit zur Wiedergabe einer realen Handlung in der Gegenwart,
Vergangenheit oder Zukunft) werden mit *когда* (vgl. englisch *when*) eingeleitet.

Когда мы работаем в саду, нам всегда весело.   *Wenn wir im Garten arbeiten, ist es immer lustig.*

Когда Юля моет посуду, Алёша и Дима играют в футбол.   *Wenn Julja abwäscht, spielen Aljoscha und Dima Fußball.*

Konditionalsätze (Adverbialsätze der Bedingung zur Wiedergabe einer möglichen,
aber noch nicht vollzogenen Handlung) werden mit *если* (vgl. englisch *if*) eingeleitet.

Если завтра будет хорошая погода, вся семья будет
работать в саду.   *Wenn morgen gutes Wetter ist, wird die ganze Familie
im Garten arbeiten.*

Если ты будешь много читать, будешь много знать.   *Wenn du viel liest, wirst du viel wissen.*

G 7 **Полная и краткая форма имён прилагательных**   D ↗ 2A

Langform und Kurzform der Adjektive

Wie im Deutschen haben auch zahlreiche Qualitätsadjektive im Russischen eine Langform und eine Kurzform.
Die Kurzform richtet sich in Genus und Numerus nach dem Geschlecht des Subjekts.
Dabei werden die entsprechenden Endungen an den Adjektivstamm angefügt.
Sie gleichen den Nominativendungen von Substantiven. Die Kurzformen des Adjektivs werden nicht dekliniert.

Наш город всегда <u>красив</u>.   *Unsere Stadt ist immer schön.*
Утром рек<u>а</u> была особенно красив<u>а</u>.   *Morgens war der Fluss besonders schön.*
Зимой гор<u>ы</u> будут особенно красив<u>ы</u>.   *Im Winter werden die Berge besonders schön sein.*

	Singular			Plural
	männlich	**weiblich**	**sächlich**	
Langform	краси́в**ый**	краси́в**ая**	краси́в**ое**	краси́в**ые**
Kurzform	краси́в_	краси́в**а**	краси́в**о**	краси́в**ы**

Beachten muss man die besonderen Kurzformen von *большой* und *маленький*,
die von anderen Wortstämmen abgeleitet werden:

большо́й:	вели́к, велика́, велико́; велики́
ма́ленький:	мал, мала́, мало́; малы́

Während die Langformen sowohl als Attribut als auch als Prädikat verwendet werden, haben die Kurzformen – wie im Deutschen – ausschließlich prädikativen Charakter.

Langform

Attribut:	Борис тала́нтливый актёр.	*Boris ist ein talentierter Schauspieler.*
Prädikat:	Он тала́нтливый.	*Er ist talentiert.*

Kurzform

Prädikat:	Он тала́нтлив.	*Er ist talentiert.*

Bei einigen männlichen Kurzformen ist bei Doppelkonsonanten im Stammauslaut ein Vokaleinschub *(-o-* oder *-e-)* vor dem Endkonsonanten notwendig.

кре́пкий:	кре́п**о**к, крепка́, кре́пко; кре́пки
интере́сный:	интере́с**е**н, интере́сна, интере́сно; интере́сны

Vor allem bei den weiblichen Kurzformen treten häufig Betonungswechsel auf.

но́вый:	нов, нов**а́**, но́во; но́вы
чи́стый:	чист, чист**а́,** чи́сто; чисты́

Kurzformen werden gebraucht, um das Übermaß einer Eigenschaft auszudrücken (deutsche Wiedergabe mit *zu*).

Блузка мне мала́.	*Die Bluse ist mir zu klein.*
Джинсы ему́ ко́ротки.	*Die Jeans sind ihm zu kurz.*
Эта кварти́ра для нас велика́.	*Die Wohnung ist für uns zu groß.*

Das Übermaß kann auch mit dem Adverb *сли́шком* ausgedrückt, das sowohl mit der Kurz- als auch mit der Langform des Adjektivs verbunden werden kann.

Блузка сли́шком коротка́.	*Die Bluse ist (viel) zu kurz.*
Блузка сли́шком коро́ткая.	

| **G 8** | **Степени сравнения имён прилагательных** | **D** | **E** | **⬈ 3 A** |

Steigerung der Adjektive

Eigenschaften und Merkmale von Gegenständen, Personen oder Ereignissen können miteinander verglichen werden. Ebenso wie im Deutschen und Englischen kann auch im Russischen das Adjektiv durch seine Steigerungsformen Vergleiche ausdrücken.
Auch im Russischen gibt es drei Steigerungsstufen: Positiv (Grundstufe, Normalstufe), Komparativ (Vergleichsstufe, Mehrstufe), Superlativ (Höchststufe, Meiststufe).
Bei der Bildung der Steigerungsformen im Russischen unterscheidet man deklinierte und nicht deklinierte Formen.

Hier alle Formen der Steigerung der Adjektive im Überblick:

Steigerungsstufen	Nicht deklinierte Kurzformen		Deklinierte Langformen	
Positiv	интере́сен	*(ist) interessant*	интере́сный	*der interessante*
Komparativ	интере́сн**ее**	*(ist) interessanter*	**бо́лее** интере́сный	*der interessantere*
Superlativ	интере́сн**ее всего/всех**	*(ist) am interessantesten*	**са́мый** интере́сный интересн**е́й**ш**ий**	*der interessanteste* *der interessanteste* *oder: der sehr interessante*

Этот дом краси́в.	*Dieses Haus ist schön.*
А тот дом краси́вее.	*Aber jenes Haus ist schöner.*
А вот тот дом краси́вее всех.	*Aber das Haus dort ist am (aller)schönsten.*

Deklinierte Langformen

Это краси́вый город.	*Das ist eine schöne Stadt.*
Это бо́лее краси́вый город.	*Das ist eine schönere Stadt.*
Это са́мый краси́вый город.	*Das ist die schönste Stadt.*

G 9	**Компаратив (сравнительная степень)**	**↗ 3 A**

Einfacher Komparativ (Kurzformen)

Der Komparativ der Kurzformen der Adjektive und auch der Adverbien wird
durch Anfügen eines unveränderlichen *-ee* an den Adjektivstamm gebildet.
Die Betonung richtet sich dabei in der Regel nach der weiblichen Kurzform.

Adjektiv	Adverb	Komparativ	
интере́сный	интере́сно	интере́снее	*interessanter*
краси́вый	краси́во	краси́вее	*schöner*
бы́стрый	бы́стро	быстре́е	*schneller*
приле́жный	приле́жно	приле́жнее	*fleißiger*

Einige Adjektive und Adverbien bilden *unregelmäßige Komparativformen:*

Adjektiv	Adverb	Komparativ	
большо́й	мно́го	**бо́льше**	*größer / mehr*
высо́кий	высоко́	**вы́ше**	*höher / größer*
ма́ленький	ма́ло	**ме́ньше**	*kleiner / weniger*
молодо́й	мо́лодо	**моло́же**	*jünger*
плохо́й	пло́хо	**ху́же**	*schlechter*
просто́й	про́сто	**про́ще**	*einfacher*
хоро́ший	хорошо́	**лу́чше**	*besser*

Zusammengesetzter Komparativ (Langformen)

Der Komparativ der deklinierten Steigerungsformen wird gebildet, indem die unveränderlichen Wörter
бо́лее (für die Verstärkung des Merkmals) oder **ме́нее** (für die Abschwächung des Merkmals)
vor die Grundstufe (Positiv) des Adjektivs gesetzt werden.

Positiv	Komparativ	
спорти́вная фигу́ра	**бо́лее** спорти́вная фигу́ра	*eine sportlichere Figur*
краси́вая кварти́ра	**бо́лее** краси́вая кварти́ра	*eine schönere Wohnung*
откры́тый челове́к	**ме́нее** откры́тый челове́к	*ein weniger aufgeschlossener Mensch*
гостеприи́мные се́мьи	**бо́лее** гостеприи́мные се́мьи	*gastfreundlichere Familien*

Für das deutsche *als* beim Komparativ gibt es im Russischen zwei Varianten:

1. den **Genitiv** des Vergleichs, d. h. das Wort, mit dem man etwas vergleicht, steht im Genitiv.
Diese Form wird vor allem beim einfachen Komparativ verwendet.

Наверно, он спортивнее <u>меня.</u>	*Sicherlich ist er sportlicher als ich.*
Думаю, он прилежнее <u>моих детей.</u>	*Ich denke, er ist fleißiger als meine Kinder.*
По-моему, Санкт-Петербург красивее <u>всех других городов</u> в России.	*Meiner Meinung nach ist St. Petersburg schöner als alle anderen Städte in Russland.*

2. die Verwendung der Konjunktion **чем**. Das Wort **чем** kann einen Nebensatz einleiten.
Vor **чем** steht immer ein Komma.
Diese Konstruktion wird sowohl bei zusammengesetzten als auch bei einfachen Komparativformen verwendet.

Хард-рок интереснее, **чем** <u>хип-хоп.</u>	*Hard Rock ist interessanter <u>als Hip-Hop</u>.*
Хард-рок – более интересная музыка, **чем** <u>хип-хоп.</u>	*Hard Rock ist eine interessantere Musik <u>als Hip-Hop</u>.*
Мне (будет) интереснее общаться с Тобиасом, **чем** <u>с моим братом.</u>	*Ich finde es interessanter, mich mit Tobias zu unterhalten <u>als mit meinem Bruder</u>.*
У него, наверно, более спортивная фигура, **чем** <u>у меня.</u>	*Er hat wahrscheinlich eine sportlichere Figur <u>als ich</u>.*
Его семья гостеприимнее, **чем** <u>мы думали.</u>	*Seine Familie ist gastfreundlicher <u>als wir gedacht hatten</u>.*

Einfacher Superlativ

Der einfache Superlativ wird mit Hilfe des Suffixes *-ейш-* (oder *-айш-**) gebildet.
Dabei kann diese Form sowohl den höchsten Grad eines Merkmals als auch (nur) einen sehr hohen Grad dieses Merkmals ausdrücken.

Adjektiv	Superlativ	
интересный	интересн**ейш**ий	*der interessanteste oder ein äußerst interessanter*
сильный	сильн**ейш**ий	*der stärkste oder ein sehr starker*
высокий	высоч**айш**ий	*der höchste oder ein unheimlich hoher*

* mit Konsonantenwechsel im Auslaut des Adjektivstammes, z. B. *к* zu *ч*: высокий – высочайший

Einige Adjektive bilden deklinierte Steigerungsformen auf *-ш-(ий)*.
Diese haben teils Komparativ- teils Superlativbedeutung

Adjektiv	Steigerungsform	
хороший	**лучший**	*der bessere oder bester*
плохой	**худший**	*der schlechtere oder schlechtester*
молодой	**младший**	*der jüngere oder jüngster*
старый	**старший**	*der ältere oder ältester*

Ира – **лучшая** спортсменка в нашем классе.	*Ira ist <u>die beste</u> Sportlerin in unserer Klasse.*
Лучшего друга нет.	*Einen <u>besseren</u> Freund gibt es nicht.*

Zusammengesetzter Superlativ

Hier gibt es die folgenden Möglichkeiten:

1. Verbindung einer einfachen Komparativform mit **всего** *(= чем всё)* bzw. **всех** *(= чем все)*.

Поездка в Россию была **интереснее всего**.   *Die Reise nach Russland war <u>am interessantesten</u>.*
Больше всего мы любим кататься на скейтборде.   <u>*Am liebsten*</u> *fahren wir Skateboard.*

Максим **сильнее всех** в нашем классе.   *Maxim ist <u>der stärkste</u> in unserer Klasse.*
Ира **спортивнее всех** других учениц.   *Ira ist von allen Schülerinnen <u>die sportlichste</u>.*

2. Es tritt eine Form von *самый* vor die Grundstufe (Positiv) des Adjektivs.
Самый stimmt in Genus, Kasus und Numerus mit dem Adjektiv überein.

Класс Иры – **самый спортивный** в школе.   *Iras Klasse ist <u>die sportlichste</u> in der Schule.*
Игорь – **самый сильный** ученик в нашем классе.   *Igor ist <u>der stärkste</u> Schüler in unserer Klasse.*
«7Б» – это **самая интересная** рок-группа.   <u>*Die interessanteste*</u> *Rockband ist „7B".*

G12	Количественные числительные		D	E	↗4A

Grundzahlwörter: Deklination

Im Russischen werden Grundzahlwörter – anders als im Deutschen und Englischen – dekliniert.
Die Deklination der einzelnen Grundzahlwörter unterscheidet sich.

1, 2, 3, 4

один *m.*, одно *s.*, одна *w.* werden wie *этот* dekliniert, sind aber endbetont.

Nominativ	оди́н *m.*	одно́ *s.*	одна́	два *m./s.*	две *w.*	три	четы́ре
Genitiv	одно**го́**		одн**о́й**	дв**ух**		тр**ёх**	четыр**ёх**
Dativ	одн**ому́**		одн**о́й**	дв**ум**		тр**ём**	четыр**ём**
Akkusativ	*Nom./Gen.*	одно́	одн**у́**	*Nom./Gen.*	две	*Nom./Gen.*	*Nom./Gen.*
Instrumental	одн**и́м**		одн**о́й**	дв**умя́**		тр**емя́**	четыр**ьмя́**
Präpositiv	одн**о́м**		одн**о́й**	дв**ух**		тр**ёх**	четыр**ёх**

Семья Сергея ищет квартиру <u>с одним</u> или <u>двумя</u> балконами.
Каждый понедельник <u>с двух до четырёх</u> часов Борис занимается в кружке математики.

5 – 20, 30

Nominativ	пят**ь**	во́сем**ь**	оди́ннадцат**ь**
Genitiv	пят**и́**	восьм**и́**	оди́ннадцат**и**
Dativ	пят**и́**	восьм**и́**	оди́ннадцат**и**
Akkusativ	пят**ь**	во́сем**ь**	оди́ннадцат**ь**
Instrumental	пят**ью́**	восьм**ью́**[1]	оди́ннадцат**ью**
Präpositiv	пят**и́**	восьм**и́**	оди́ннадцат**и**

40, 90, 100

Nominativ*	со́рок	девяно́ст**о**	ст**о**
Genitiv	сорок**а́**	девяно́ст**а**	ст**а**
Dativ	сорок**а́**	девяно́ст**а**	ст**а**
Akkusativ	со́рок	девяно́ст**о**	ст**о**
Instrumental	сорок**а́**	девяно́ст**а**	ст**а**
Präpositiv	сорок**а́**	девяно́ст**а**	ст**а**

1 *auch:* восемью

<u>С девяти́ до двена́дцати</u> часов телеканал *Планета* показывает сериалы.
Более <u>сорока́</u> музеев Санкт-Петербурга участвовали в акции *Ночь музеев.*

50, 60, 70, 80

Nominativ	пятьдеся́т	шестьдеся́т	се́мьдесят	во́семьдесят
Genitiv	пяти́десяти	шести́десяти	семи́десяти	восьми́десяти
Dativ	пяти́десяти	шести́десяти	семи́десяти	восьми́десяти
Akkusativ	пятьдеся́т	шестьдеся́т	се́мьдесят	во́семьдесят
Instrumental	пятью́десятью	шестью́десятью	семью́десятью	восьмью́десятью[1]
Präpositiv	пяти́десяти	шести́десяти	семи́десяти	восьми́десяти

1 *auch:* восемью́десятью

Более <u>пятидесяти</u> процентов одиннадцатиклассников Челя́бинска получили
по математике пятёрки и четвёрки.

200–900

Nominativ	две́сти	три́ста	пятьсо́т
Genitiv	двухсо́т	трёхсо́т	пятисо́т
Dativ	двумста́м	трёмста́м	пятиста́м
Akkusativ	две́сти	три́ста	пятьсо́т
Instrumental	двумяста́ми	тремяста́ми	пятьюста́ми
Präpositiv	двухста́х	трёхста́х	пятиста́х

1000 … (Sg.)

Nominativ	ты́сяча	миллио́н	миллиа́рд
Genitiv	ты́сячи	миллио́на	миллиа́рда
Dativ	ты́сяче	миллио́ну	миллиа́рду
Akkusativ	ты́сячу	миллио́н	миллиа́рд
Instrumental	ты́сячей	миллио́ном	миллиа́рдом
Präpositiv	ты́сяче	миллио́не	миллиа́рде

Билеты на бокс стоят <u>от пятисот до семи тысяч</u> рублей.
В Берлине живёт более <u>трёх миллионов</u> человек.

Um die teilweise komplizierten deklinierten Grundzahlwörter zu vermeiden,
nutzen auch Muttersprachler unbestimmte Zahlwörter. So folgt nach *примерно,
приблизительно, почти* der Nominativ des Grundzahlwortes.

<u>Приблизительно сорок</u> музеев Санкт-Петербурга участвовали в акции *Ночь музеев.*
В Берлине живёт <u>примерно три миллиона</u> человек.

Deklination der Substantive auf *-мя*

Es gibt nicht viele Substantive auf *-мя*. Zu ihnen gehören *время, имя*.
Diese Substantive sind sächlich und dürfen nicht mit weiblichen Substantiven auf *-я* (z. B. *семья*) verwechselt werden.

	Singular	Plural
Nominativ	вре́м**я**	врем**ена́**
Genitiv	вре́м**ени**	врем**ён**
Dativ	вре́м**ени**	врем**ена́м**
Akkusativ	вре́м**я**	врем**ена́**
Instrumental	вре́м**енем**	врем**ена́ми**
Präpositiv	о вре́м**ени**	о врем**ена́х**

Дорогая Татьяна Петровна!
Поздравляю Вас от им**ени** всех учеников 8ᵃ класса с праздником 8 Марта.

Imperativ

Mit dem Imperativ können – wie auch im Deutschen und Englischen – verschiedene Arten
von Aufforderungen an eine oder mehrere Personen formuliert werden: höfliche Einladungen, Wünsche,
Bitten, Anweisungen, Kommandos oder Befehle.
Imperativformen gibt es im Russischen – wie im Deutschen – nur für die 2. Person Singular und
die 2. Person Plural. Imperativformen können von vollendeten und unvollendeten Verben gebildet werden.

Die Bildung des Imperativs der 2. Person Singular geht immer vom Präsensstamm aus.
Dabei werden die Endungen des Präsens der 3. Person Plural (*-ут/-ют* oder *-ат/-ят*) durch spezielle Suffixe ersetzt:

1. durch **-й**, wenn der Präsensstamm auf einen Vokal endet – читают ⟶ чита- ⟶ чита**й**

   Играй. Работай. Убирай.   *Spiele. Arbeite. Räume auf.*

2. durch **-и**, wenn der Präsensstamm auf einen Konsonanten endet und die 1. Person Singular
   endbetont ist – покажут ⟶ покаж- (1. Person Singular endbetont: покажу́) ⟶ покаж**и́**

   Говори́. Пиши́. Купи́.   *Sprich. Schreibe. Kaufe.*

3. durch **-ь**, wenn der Präsensstamm auf einen Konsonanten endet und die 1. Person Singular
   stammbetont ist – ответят ⟶ ответ- (1. Person Singular stammbetont: отве́чу) ⟶ отве́т**ь**

   Поздра́вь. Подгото́вь. Соста́вь.   *Gratuliere. Bereite vor. Stelle zusammen.*

Der Imperativ reflexiver Verben wird genauso wie der von nicht reflexiven Verben gebildet.
1. занимаются ⟶ занима- ⟶ занима́**й**ся
2. учатся ⟶ уч- ⟶ уч**и́**сь
3. знакомятся ⟶ знаком- ⟶ знако́м**ь**ся
Beachte *-сь* (nach Vokal) und *-ся* (nach Konsonant) am Wortende.

Die Formen des Imperativs der 2. Person Plural werden durch Anfügen von **-те** an die Formen
der 2. Person Singular gebildet.
1. чита́й ⟶ чита́й**те**; занима́йся ⟶ занима́й**те**сь
2. покажи́ ⟶ покажи́**те**; учи́сь ⟶ учи́**те**сь
3. отве́ть ⟶ отве́ть**те**; знако́мься ⟶ знако́мь**те**сь

Die Formen des Imperativs der 2. Person Plural können sowohl für Aufforderungen
an mehrere vertraute Personen (mit *ihr* angesprochen) als auch an eine oder mehrere höflich
mit *Sie* angesprochene Personen verwendet werden.

1. Игра́йте.   *Spielt./Spielen Sie.*
    Догада́йтесь.   *Erratet es./Erraten Sie es.*

2. Говори́те.   *Sprecht./Sprechen Sie.*
    Займи́тесь (этим).   *Nehmt euch (der Sache) an./*
                             Nehmen Sie sich (der Sache) an.

3. Поздра́вьте.   *Gratuliert./Gratulieren Sie.*
    Гото́вьтесь.   *Bereitet euch vor./Bereiten Sie sich vor.*

Der Imperativ einiger Verben weist Besonderheiten auf.

дать → дай, да́йте; дава́ть → дава́й, дава́йте;
есть → ешь, е́шьте; пить → пей, пе́йте;
(по/при)е́хать → (по/при)езжа́й

| G 15 | Неопределённые местоимения и наречия | D | ↗6A |

Unbestimmte Pronomen und Adverbien

Wie im Deutschen stehen unbestimmte Pronomen für Personen oder Sachen,
die nach Art und Anzahl nicht näher bestimmt sind. Sie werden im Russischen von Fragewörtern abgeleitet.
An diese wird, neben anderen möglichen Varianten, -*нибудь* (mit Bindestrich) angefügt:
кто-нибудь – (irgend)jemand, что-нибудь – (irgend)etwas.

Кто-нибудь из вас умеет говорить по-японски?   *Kann irgendjemand von euch Japanisch sprechen?*
Придёт ещё кто-нибудь?   *Kommt noch jemand?*
Хочешь что-нибудь вкусное?   *Möchtest du etwas Leckeres?*
Расскажите, пожалуйста, что-нибудь о жизни   *Erzählen Sie bitte irgendetwas über das Leben*
молодёжи в России.   *junger Leute in Russland.*

Unbestimmte Pronomen werden wie die entsprechenden Fragepronomen dekliniert.

Nominativ	кто-нибудь	что-нибудь
Genitiv	к**ого**-нибудь	ч**его**-нибудь
Dativ	к**ому**-нибудь	ч**ему**-нибудь
Akkusativ	к**ого**-нибудь	что-нибудь
Instrumental	к**ем**-нибудь	ч**ем**-нибудь
Präpositiv	о к**ом**-нибудь	о ч**ём**-нибудь

Андрей хочет поехать к кому-нибудь в гости.   *Andrej möchte irgendjemanden besuchen.*
Вера любит проводить каникулы вместе   *Vera verbringt die Ferien gern mit irgendeiner*
с кем-нибудь из своих подруг.   *ihrer Freundinnen.*
Сегодня вечером мы будем заниматься   *Heute Abend werden wir irgendetwas*
чем-нибудь весёлым.   *Lustiges machen.*

Unbestimmte Adverbien werden im Russischen wie im Deutschen verwendet, wenn der Sprecher die Umstände einer Handlung nicht näher kennt. Sie werden von Frageadverbien abgeleitet. An diese wird wie bei den unbestimmten Pronomen u. a. *-нибудь* (mit Bindestrich) angefügt:
где-нибудь — *irgendwo*, куда-нибудь — *irgendwohin*, когда-нибудь — *irgendwann*

Поедем куда-нибудь.	*Lasst uns irgendwohin fahren.*
Где-нибудь у моря будем отдыхать.	*Wir werden uns irgendwo am Meer erholen.*

| **G 16** | **Приставочные глаголы движения** | **↗6A** |

Präfigierte Verben der Bewegung

Verben der Bewegung können echte Aspektpaare bilden, wenn sie mit Präfixen räumlicher Bedeutung (z. B. *вы-*, *при-*) verbunden werden.
Die <u>vollendeten</u> Verben werden dabei <u>von den zielgerichteten</u> Verben abgeleitet,
die <u>unvollendeten</u> Aspektpartner oft <u>von den nicht zielgerichteten</u> Verben.
Bei diesen Aspektpaaren unterscheidet man aber <u>nicht</u> mehr zwischen zielgerichtet und nicht zielgerichtet!

	летéть *uv. zielger.* – летáть *uv. nicht zielger.*	*fliegen*
Aspektpaare:	вы́лететь *v.*/вылетáть *uv.*	*abfliegen, starten*
	прилетéть *v.*/прилетáть *uv.*	*ankommen (per Flugzeug)*
	улетéть *v.*/улетáть *uv.*	*weg-, abfliegen*

Einige Präfixe mit räumlicher Bedeutung:

1.	**вы-**	hinaus-, heraus-	выехать/выезжать, выйти/выходить, вылететь/вылетать, вынести/выносить
2.	**при-**	an-, herbei-, herein-	приехать/приезжать, прийти/приходить, прилететь/прилетать, принести/приносить
3.	**пере-**	hinüber-, herüber-	переехать/переезжать, перейти/переходить, перелететь/перелетать, перенести/переносить
4.	**про-**	vorbei-, vorüber-, durch-	проехать/проезжать, пройти/проходить, пролететь/пролетать, пронести/проносить
5.	**у-**	weg-, fort-	уехать/уезжать, уйти/уходить, улететь/улетать, унести/уносить

Durch Anfügen eines Präfixes verändert sich bei einzelnen Verben der Stamm:
идти *uv.* → выйти *v.*, прийти *v.*
ездить *uv.* → выезжать *uv.*, приезжать *uv.*

Die Konjugation der präfigierten Verben der Bewegung unterscheidet sich in der Regel nicht von der Konjugation der nicht präfigierten Verben.

Он летает. Он вылетает.	Самолёт летит. Самолёт вылетит.

🛑 Eine Ausnahme bilden die Formen von *-езжать* (*e*-Konjugation):
Vergleiche: я езжу, ты ездишь, они ездят; я приезжаю, ты приезжаешь, они приезжают

Инструкции к заданиям (Arbeitsanweisungen)

A	
Аргументируй свой ответ.	Begründe deine Antwort. Führe Argumente/ Begründungen für deine Antwort an.
B	
Впиши в текст письма нужные слова из упражнения…	Schreibe in den Text des Briefes die passenden Wörter aus Übung …
Внимание, ~ в таблице два лишних слова. ~ одна часть лишняя.	Aufgepasst, ~ in der Tabelle sind zwei Wörter zu viel. ~ ein Teil ist zu viel.
Вставь ~ нужные глаголы. ~ подходящий союз. ~ подходящие по смыслу глаголы в правильной грамматической форме.	Setze … ein. ~ die passenden Verben ~ die passende Konjunktion ~ die sinngemäß passenden Verben in der richtigen grammatischen Form
Выбери ~ картинку-ответ на каждый вопрос. ~ нужные местоимения. ~ одно из мнений. ~ подходящее притяжательное местоимение. ~ правильный вариант перевода. ~ правильный вариант/ответ. ~ правильные слова. ~ правильную форму притяжательного местоимения. ~ самые важные для тебя желания и цели. ~ трёх – четырёх одноклассников.	Wähle … aus. ~ das Antwortbild für jede Frage ~ die passenden Pronomen ~ eine der Meinungen ~ das passende Possessivpronomen ~ die richtige Übersetzungsvariante ~ die richtige Variante/Antwort ~ die richtigen Wörter ~ die richtige Form des Possessivpronomens ~ die für dich wichtigsten Wünsche und Ziele ~ drei bis vier Mitschüler(innen)
Выпиши падежные формы неопределённых местоимений.	Schreibe die Kasusformen der unbestimmten Pronomen heraus.
Вычеркни ~ ненужные местоимения. ~ неправильную форму глагола.	Streiche … durch. ~ die nicht benötigten (nicht passenden) Pronomen ~ die falsche Verbform
Д	
Допиши по 4 примера в каждом ряду.	Ergänze je 4 Beispiele in jeder Reihe.

Дополни
~ вопросы и предложения правильными грамматическими формами глагола…
~ диалоги/по образцу.
~ колонки собственными примерами.
~ окончания.
~ предложения (по образцу).
~ разговор подходящими по смыслу вопросами.
~ рассказ … *mit Gen.*
~ словосочетания и наречия времени.
~ существительные.
~ таблицу
  • другими падежными формами.
  • прилагательными в нужной грамматической форме.
~ текст (письма).
	Ergänze
	~ in den Fragen und Sätzen die grammatisch richtigen Verbformen von …
	~ die Dialoge/nach dem Muster.
	~ die Spalten mit eigenen Beispielen.
	~ die Endungen.
	~ die Sätze (nach dem Muster).
	~ das Gespräch mit inhaltlich passenden Fragen.
	~ den Bericht (die Erzählung) von …
	~ Wortgruppen und Zeitadverbien.
	~ Substantive.
	~ die Tabelle
	  • mit den anderen Kasusformen.
	  • mit den Adjektiven in der richtigen grammatischen Form.
	~ den Text (des Briefes).

З	
Задай вопросы (к тексту).	Formuliere/Stelle Fragen (zum Text).
Запиши	Schreibe … (auf). Trage … ein.
~ в таблицу нужные буквы.	~ in die Tabelle die dazugehörigen Buchstaben
~ нужные местоимения.	~ die passenden Pronomen
~ (подходящие, русские) слова (словосочетания) в таблицу (пирамиду).	~ die (passenden, russischen) Wörter (Wortgruppen) in die Tabelle (Pyramide)
Заполни	Fülle … aus.
~ анкету.	~ den Fragebogen
~ пропуски	~ die Lücken
• подходящими по смыслу словами в нужной падежной форме.	• mit inhaltlich passenden Wörtern im richtigen Kasus/Fall.
• глаголами в форме императива единственного числа.	• mit Verben im Imperativ Singular.
~ таблицу.	~ die Tabelle.

И	
Используй (при этом, для этого)	Verwende (dabei, dafür)
~ (следующие) вопросы.	~ (die folgenden) Fragen.
~ данные прилагательные.	~ die angegebenen Adjektive.
~ ключевые слова.	~ die Schlüsselwörter.
~ лексику.	~ die Lexik/den Wortschatz.
~ разные конструкции.	~ verschiedene Konstruktionen.
~ следующие символы.	~ folgende Symbole.
~ слова.	~ die Wörter.
~ словосочетания.	~ die Wortgruppen.
~ формы относительного местоимения…	~ die Formen des Relativpronomens …

Н	
Найди	Finde
~ в словаре следующие слова.	~ im Wörterbuch die folgenden Wörter.
~ нужную информацию в…	~ die benötigte(n) Information(en) in (im) …
~ подходящее русское слово в правильной грамматической форме.	~ das passende russische Wort in der richtigen grammatischen Form.
~ (русские) слова в буквенном кроссворде.	~ die (russischen) Wörter im Buchstabengitter.
~ спрятанные (компьютерные) слова.	~ die versteckten (Computer)Wörter.
Напиши	Schreibe (auf)
~ антонимы.	~ Antonyme.
~ букву.	~ den Buchstaben.
~ в тетради (о…).	~ ins Heft (über …).
~ глаголы в нужной личной форме прошедшего времени.	~ die Verben in der entsprechenden Form des Präteritums.
~ глаголы в правильной грамматической форме.	~ die Verben in der richtigen grammatischen Form.
~ записку… *mit Dat.*	~ eine Nachricht/eine Notiz.
~ как минимум 5 предложений о … *mit Präp.*	~ mindestens 5 Sätze über …
~ немецкие эквиваленты.	~ die deutschen Entsprechungen.
~ о… *mit Präp.*	~ über …
~ ответ(ы) /на сайте форума.	~ eine Antwort (Antworten)/auf der Forumseite.
~ под картинками подходящий текст.	~ unter die Bilder den passenden Text (aus dem Kasten).
~ (четыре) предложения (в тетради).	~ (vier) die Sätze (ins Heft).
~ слово в правильной грамматической форме.	~ das Wort in der richtigen grammatischen Form.
~ подходящее (по смыслу) слово или словосочетание.	~ das/die (inhaltlich) passende Wort/gruppe.
~ подходящую по смыслу приставку.	~ die inhaltlich passende Vorsilbe auf.
~ (русские) слова (в нужной форме).	~ die (russischen) Wörter (in der richtigen Form).
~ три совета.	~ drei Ratschläge.

Напиши,	Schreibe (auf),
~ где…, как…, кто…, куда…, с кем…, что…	~ wo ..., wie ..., wer ..., wohin ..., mit wem ..., was ...
~ с какими мнениями ты согласен (согласна), а с какими не согласен (согласна).	~ mit welchen Meinungen du einverstanden und mit welchen du nicht einverstanden bist.

О	
Образуй	Bilde
~ все возможные словосочетания.	~ alle Wortgruppen, die möglich sind.
~ формы императива от следующих глаголов.	~ den Imperativ von folgenden Verben.
Объясни	Erkläre (Erläutere)
~ значение (этих) слов (по-русски).	~ die Bedeutung der (dieser) Wörter (auf Russisch).
~ по-русски, как…	~ auf Russisch wie ...
Объясни,	Erkläre (Erläutere),
– почему…	~ warum ...
Ответь(те)	Antworte(t)
~ на вопросы (по-немецки).	~ auf die Fragen (auf Deutsch).
~ отрицательно.	~ verneinend.
Отметь	Kennzeichne
~ крестиком, правильны или неправильны эти высказывания.	~ durch Ankreuzen, ob die Aussagen richtig oder falsch sind.
~ правильный ответ (вариант).	~ die richtige Antwort (Variante).
Отметь,	Kennzeichne,
~ какие высказывания правильны (п), а какие неправильны (н).	~ welche Aussagen richtig (п) und welche nicht richtig (falsch) sind (н).

П	
Переведи	Übersetze
~ вопросы на русский язык.	~ die Fragen ins Russische.
~ предложения на немецкий язык.	~ die Sätze ins Deutsche.
Переведи,	Übersetze,
~ какие…	~ welche ...
Передай основное содержание (текста) по-немецки.	Gib den wesentlichen Inhalt (des Textes) wieder.
Подчеркни	Unterstreiche
~ краткие формы прилагательных.	~ die Kurzformen der Adjektive.
~ названия… *mit Gen.*	~ die Bezeichnungen für ...
~ правильный ответ.	~ die richtige Antwort.
~ правильный вариант (ответа).	~ die richtige Variante (der Antwort).
~ правильное продолжение предложения.	~ die richtige Fortsetzung des Satzes.
~ правильную форму глагола.	~ die richtige Verbform.
~ словосочетания с отрицанием.	~ die Wortgruppen mit Verneinung.
~ факты из… *mit Gen.*	~ Fakten aus ...
Познакомься с результатами… *mit Gen.*	Mache dich vertraut mit den Ergebnissen ...
Покажи (город) на карте.	Zeige (die Stadt) auf der Karte.
Помоги	Hilf
~ … *mit Dat.* написать текст о… *mit Präp.*	~ … beim Schreiben eines Textes über ...
Порекомендуй своим одноклассникам … *mit Inf. oder mit Akk.*	Empfiehl deinen Mitschülern ...
Послушай	Höre
~ объявления по радио.	~ die Durchsagen im Radio.
Послушай,	Höre,
~ что…	~ was ...
Посмотри (внимательно) на картинку (картинки).	Schau (aufmerksam) das Bild (die Bilder) an.
Поставь ударение.	Setze die Betonung.

Придумай	Denke dir … aus.
~ аналогичный диалог.	~ einen ähnlichen/analogen Dialog
~ идеальную школьную форму.	~ eine ideale Schuluniform
~ конец … *mit Gen.* (письма).	~ ein Ende (des Briefes)
Проведи опрос в (своём) классе.	Führe eine Befragung in der (deiner) Klasse durch.
Пронумеруй предложения.	Nummeriere die Sätze.
Прослушай	Höre
~ разговор (ещё раз, второй раз).	~ das Gespräch (noch einmal, ein zweites Mal).
~ разговор о … *mit Präp.* / между … *mit Instr.*	~ das Gespräch über … /zwischen …
~ текст.	~ den Text.
~ телефонный разговор.	~ das Telefongespräch.
Прослушай,	Höre,
~ что …	~ was …
Прочитай	Lies
~ вопросы.	~ die Fragen.
~ высказывания.	~ die Aussagen.
~ информацию.	~ die Information(en).
~ мнения… *mit Gen.*	~ die Meinungen von …
~ монолог… *mit Gen.*	~ den Monolog von …
~ названия *mit Gen.* (кинопрофессий).	~ die (Berufs)Bezeichnungen (der Filmbranche).
~ отрывок из письма (из сочинения) на тему…	~ den Ausschnitt aus einem Brief (aus einem Aufsatz) zum Thema …
~ письмо.	~ den Brief.
~ рассказ… *mit Gen.*	~ Geschichte (Erzählung) von …
~ рекламный текст.	~ den Werbetext (die Werbung).
~ рекламную информацию из… *mit Gen.*	~ die Werbung (Werbeinformation) aus …
~ (русский) текст	~ den (russischen)Text
• ещё раз.	• noch einmal.
• со словарём.	• mit dem Wörterbuch.
~ следующие объявления из … *mit Gen.*	~ die folgenden Anzeigen aus …
~ флаер.	~ den Flyer.
Прочитай,	Lies,
~ что …	~ was …
Р	
Раскрась (слова) одним цветом.	Male (die Wörter) mit der gleichen Farbe aus.
Расположи предложения в логической последовательности.	Bringe die Sätze in eine logische Reihenfolge.
Распредели слова по колонкам.	Ordne die Wörter in die Spalten ein.
Расскажи	Erzähle
~ (по-немецки), что ты узнал(а) о… *mit Präp.*	~ (auf Deutsch), was du über (von) … erfahren hast.
~ о результатах… *mit Gen.* (опроса).	~ über die Ergebnisse (der Befragung).
Расскажи,	Erzähle,
~ что …	~ was …
С	
Сгруппируй слова.	Gruppiere die Wörter.
Скажи	Sage (Gib … wieder.)
~ по-русски.	~ auf Russisch.
~ по-русски (по-немецки), как …	~ auf Russisch (Deutsch), wie …
Сначала послушай, что…	Höre zuerst was …
Сначала прочитай… *mit Akk.*, **а потом…**	Lies zuerst … (durch), danach …

Соедини	Verbinde
~ А и Б.	~ A und B.
~ подходящие по смыслу слова.	~ die inhaltlich passenden Wörter.
~ слова.	~ die Wörter.
~ части предложений.	~ die Satzteile.
~ фамилию писателя с… + *mit Instr.*	~ den Familiennamen des Schriftstellers mit …
Соотнеси	Ordne
~ эти слова с вопросами.	~ diese Wörter den (passenden) Fragen zu.
~ глаголы с подходящими (по смыслу) словами/словосочетаниями.	~ die Verben mit den (inhaltlich) passenden Wörtern/ Wortverbindungen.
Составь	Bilde
~ вопросы и ответь на них.	~ Fragen und beantworte sie.
~ мини-диалоги.	~ Kurz-Dialoge.
~ предложения (по образцу, с помощью материала упражнения … и этих картинок).	~ Sätze (nach dem Muster./ mit Hilfe des Materials aus Übung … und dieser Bilder).
~ словосочетания.	~ Wortgruppen.
Спроси	Frage
~ у одноклассников.	~ deine Mitschüler.
Спросите друг друга.	Fragt euch gegenseitig.
Сравни	Vergleiche
~ картинки.	~ die Bilder.
~ немецкие и русские слова.	~ die deutschen und russischen Wörter.
~ ответы (российской молодёжи) со своим мнением.	~ die Antworten (russischer Jugendlicher) mit deiner eigenen Meinung.
У	
Угадай	Errate
~ слово.	~ das Wort.
~ (эти) слова.	~ die (diese) Wörter.

Hier kannst du deine Lösungen überprüfen.

Auf den folgenden Seiten findest du die Lösungen und Hinweise zu den Testseiten der Lektionen 1–6.
Vorangestellt sind die Lösungen der Wiederholungslektion.

Wie nutzt du die Wiederholungslektion und die Testseiten am besten?
Das Vorgehen ist dir bereits aus Dialog 1 und 2 bekannt:
– Löse alle Aufgaben vollständig und selbstständig.
– Vergleiche anschließend deine Antworten mit den Lösungen auf den folgenden Seiten.
– Kennzeichne deine Fehler und korrigiere sie. Nutze die Hinweisspalte.

Abschnitt, Übung	Lösungen
П1/1	зовут, фамилия, родилась, город, находится, семья, живём, улице, квартира, этаже, комнаты, нет, есть, живёт, живут, дом
П1/2	Kontrolliert euch gegenseitig. Bittet dann eure Lehrerin/ euren Lehrer, dass sie/er überprüft, ob alles richtig geschrieben ist.
П1/3	z. B. синий, коричневый, джинсах, юбках (брюках), хорошая (хороший), открытый, скромный, (симпатичный, весёлый)
П2/1	Виды транспорта: автобус, трамвай, метро, троллейбус, маршрутка Исторические дома: театр, музей, собор, библиотека Любимые места школьников: стадион, парк, бассейн, кинотеатр, дискотека, зоопарк, фонтан
П2/2	Kontrolliert euch gegenseitig. Bittet dann eure Lehrerin/ euren Lehrer, dass sie/er überprüft, ob alles richtig geschrieben ist.
П2/3	1. Er lädt Ira zu/m (seinem) Geburtstag ein. 2. In Nähe der Schule, Nekrassowstraße 46, Wohnung Nr. 2. 3. Von der Schule zu Fuß geradeaus bis zum Supermarkt, dann nach links bis zum Hotel „Kosmos".
П3/1	Чем ты интересуешься? Математикой, литературой, спортом… Чем ты занимаешься? Музыкой, иностранными языками, спортом… Что ты умеешь хорошо делать? Рисовать, петь, играть в теннис… На чём ты любишь играть? На компьютере, флейте, гитаре… На чём ты умеешь кататься? На велосипеде, скейтборде, коньках…
П3/2	1. тренируются; 2. слушает, поёт; 3. интересуется, ходит; 4. любят, встречаются, ходят
П3/3	~~провела~~/проводила; провела/~~проводила~~; ~~позвонила~~/звонила; позвонила/~~звонила~~; сказала/~~говорила~~; расскажет/~~рассказывает~~; написала/~~писала~~
П3/4	Карелию; Омске, Новосибирске; реки; берегу моря
П4/1	1. В каком классе ты учишься? 2. С какого класса (как долго) ты учишь немецкий язык? 3. Сколько уроков немецкого языка у вас в неделю? 4. Какие предметы твои любимые?/ Какие у тебя любимые предметы?
П4/2	1. начинается; 2. кончается; 3. рисовали; 4. занимаюсь, участвовал(а)
П4/3	1. Aula; 2. Computerraum; 3. Turnhalle

Abschnitt, Übung	Lösungen	Hinweise, wenn du Probleme hattest im SB S. 8/2 = im Schülerbuch Seite 8 Übung 2
1 Тест 1	1. В 2. Б 3. А 4. В	(1) Wiederhole im SB S. 20/2, 3. Lies G 1 und fasse für dich zusammen, wonach sich das russische Fragepronomen richtet. (2) Sieh dir noch einmal im SB S. 20/5, 6 sowie G 2 an. (3) Überprüfe im LWV/AWV die Bedeutung der Verben und (4) Konjunktionen.
2	1. Б; 2. В; 3. А; 4. Б	Höre dir das Gespräch noch einmal an und achte auf die gesuchten Informationen. Nutze die Tipps in L 3.
3	В	Lies den Text noch einmal und suche die Schlüsselwörter der Antworten im Text.
2 Тест 1	1. В 2. В 3. В 4. Б	(1) (2) Informiere dich noch einmal über den Gebrauch der Lang- und Kurzformen der Adjektive unter G 7. Nutze dazu auch im SB S. 30/2. (3) Überprüfe im LWV/AWV die Bedeutung der Präpositionen und (4) Verben.
2	(1) экзаменам; (2) подарили; (3) живёт; (4) потому что; (5) поступать; (6) стать; (7) театр	Achte beim nochmaligen Lesen auf die Wörter, die die Lücken umgeben. Sie geben wichtige grammatische Hinweise, welches Wort du auswählen musst.
3 Тест 1	1. А 2. Б 3. Б	(1) und (3) Wiederhole im SB S. 40/1 die entsprechenden Verben. (2) Sieh dir noch einmal im SB S. 40/3 sowie G 8 an.
2	1. Б 2. Б	Wiederhole den Gebrauch der Possessivpronomen *его* und *свой* im SB S. 41/8. Nutze auch G 3 und G 4.
3	1. Б 2. В	Höre die Radioansagen noch einmal. Achte besonders (1) auf den Namen der Einrichtung und (2) wer etwas ausstellen will.
4	Что ты любишь есть и пить на завтрак? Чем ты хочешь заниматься (с нами) в выходные дни? Куда ты хочешь пойти, поехать (с нами) в выходные дни? Каким подаркам твои родители, твои братья и сёстры (твой брат, твоя сестра) будут особенно рады?	Nutze die Tipps in L 14.
4 Тест 1	1. Д 2. Г 3. Б 4. А	Achte auf die Präpositionen und die logische Zeitabfolge.
2	1. а 2. б 3. б 4. а	Lies die entsprechenden Textabschnitte aufmerksam durch und achte auf die Schlüsselwörter. Nutze die Tipps in L 9.

Abschnitt, Übung	Lösungen	Hinweise, wenn du Probleme hattest im SB S. 8/2 = im Schülerbuch Seite 8 Übung 2
5 Тест 1	1. Д 2. Б 3. А	Achte auf eine logische Fortsetzung der Sätze.
2	1. Е 2. З 3. А 4. Ж 5. Г	Lies den Text noch einmal aufmerksam. Nutze die grammatischen und inhaltlichen Hinweise, die im Umfeld der Lücken zu finden sind.
6 Тест 1	1. отпуск; 2. проводить, куда-нибудь за границу/в Германию; 3. назад; 4. что-нибудь; 5. восхищаются; 6. поехать, порекомендовать/посоветовать	Wiederhole die Vokabeln der Lektion 6 im Lektionswörterverzeichnis.
2	1. В 2. Б 3. Б	Sieh dir noch einmal im SB S. 71/5, 6 an. Achte auf die Präfixe der Verben der Bewegung und ihre unterschiedlichen Bedeutungen. Verwende dafür auch G 15.
3	У вас каникулы начинаются уже в июне? Это правильно/так? Ja, aber die oberen Klassen/ die älteren Schüler haben noch Prüfungen. Ты с родителями поедешь куда-нибудь отдыхать после экзаменов? Im August fahren sie ans Schwarze Meer in ein Erholungsheim und im Juli ziehen sie um. Da werden sie viel Arbeit haben.	Nutze die Tipps in L 14.

Заполни анкету для участия в программе немецко-русского обмена (→ см. урок 3А)

Анкета участника программы немецко-русского обмена

Фамилия, имя _____

Дата и место рождения _____

Родители _____

Адрес _____

Номер домашнего телефона _____

Номер мобильного телефона _____

Адрес электронной почты (e-mail) _____

Ответь, пожалуйста, на следующие вопросы.

В какой школе и в каком классе ты учишься?

_____

Сколько лет ты учишь русский язык?

_____

Чем ты занимаешься в свободное время?

_____

Ты уже был(а) в России? Если да, то когда и как долго?

_____

Почему ты хочешь участвовать в программе школьного обмена?

_____

_____

Какой ты человек? Напиши 3–5 предложений о твоём характере и твоих интересах.

_____

_____

_____

_____